비주얼
씽킹 **창의**
언어놀이

비주얼 씽킹 창의 언어놀이 봄·여름 편

저자 김지영
초판 1쇄 인쇄 2020년 6월 19일   **초판 1쇄 발행** 2020년 7월 3일

발행인 박효상   **편집장** 김현   **편집** 김준하, 김설아, 배수현   **디자인** 이연진
기획 · 편집 진행 권민서
마케팅 이태호, 이전희   **관리** 김태옥   **종이** 월드페이퍼   **인쇄 · 제본** 현문자현

출판등록 제10-1835호   **발행처** 사람in
주소 04034 서울시 마포구 양화로 11길 14-10 (서교동) 3F
전화 02) 338-3555(代)   팩스 02) 338-3545   **E-mail** saramin@netsgo.com
Website www.saramin.com
책값은 뒤표지에 있습니다. 파본은 바꾸어 드립니다.

ⓒ 김지영, 2020

ISBN
978-89-6049-848-8 64710
978-89-6049-847-1 (세트)

우아한 지적만보, 기민한 실사구시 사람in

어린이제품안전특별법에 의한 제품표시	
제조자명 사람in	**전화번호** 02-338-3555
제조국명 대한민국	**주 소** 서울시 마포구 양화로
사용연령 5세 이상 어린이 제품	11길 14-10 3층

초등 국어 학습 개념 총망라

비주얼 씽킹 창의 언어놀이

봄·여름 편

✦ 어휘력, 표현력, 창의력이 쑥쑥!
✦ 놀면서 배우고, 배우면서 놀자!
✦ 그림놀이와 언어놀이의 결합!

김지영 지음

사람in
saram
in com

믿음직한 우리의 언어대장들에게

친구들, 안녕하세요?

오늘도 재미있게 뛰어놀았나요?

선생님이 방금 굉장한 소문을 들었어요.

우리 친구가 언어대장이 되어 마녀가 사는 성으로 떠난다고요. 정말?

우와, 생각만 해도 벌써 가슴이 콩닥콩닥해요! 그렇다면 먼저 준비를 잘해야겠지요?

연필과 지우개, 색연필 그리고 더 필요한 것은 꽁꽁마녀를 이길 수 있는 언어 실력!

으악! 마녀와의 게임이 너무 어려울 것 같다고요? 틀리면 어떻게 하냐고요?

걱정하지 마세요.

우리 친구들이 꼭 성공해서 돌아올 수 있도록 지금부터 선생님이 몇 가지 방법을 알려 줄게요.

첫째, 단어나 문장을 쓰는 게임은 최대한 많이, 잔뜩, 종이에 꽉 차도록 가득 써 보세요.

둘째, 그림으로 표현하는 게임은 떠오르는 생각을 마음껏 자유롭게 그려 보세요.

셋째, 생각이 멈추면 옆에 있는 책을 펴 보세요. 어떤 책이라도 여러분에게 아이디어를 줄 거예요.

마지막으로 이건 비밀인데…, 틀려도 괜찮아요. 이제부터 하나씩 배워 가면 되니까요.

가장 중요한 것은 매일매일 이 책을 펴고 하나씩 미션을 성공하는 것과 내가 좋아하는 동화책을 즐겁게 읽는 거예요. 아마도 우리 친구들이 이 책을 끝마칠 때면 교실에서는 손을 번쩍 들어 발표도 잘하고, 아리송했던 책들도 훨씬 더 쉽게 읽힐 거예요.

왜냐고요? 우리 친구들의 언어 실력이 쑤~욱 커져 있을 테니까요.

자, 그러면 꽁꽁마녀가 사는 수리수리성으로 함께 떠나 볼까요?

꽁냥이만큼 사랑스러운 고양이와 살고 있는
김지영 선생님이

나만큼?

여름 요정을 구하라!

이렇게 활용하세요

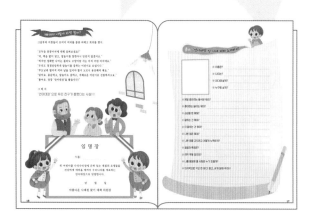

이 책의 주인공은 나야, 나!

신나는 모험 속 주인공은 다름 아닌 독자 여러분입니다. 흥미진진한 미션을 풀어가는 동안 어휘력과 창의력이 자라날 거예요.

하루에 한 장씩 혼자서도 신나요!

매일 한 가지씩 펼쳐지는 기상천외하고 엉뚱한 미션을 풀어 보세요. 꽁꽁마녀와 대결을 펼치며 공부가 아닌 놀이로 혼자서도 재미있게 풀 수 있어요.

언어 표현력과 논술 실력이 쑥쑥 자라요!

다양한 말놀이와 글쓰기를 하다 보면 나도 모르는 새 어휘력이 커지고 스스럼없이 자신의 생각과 감정을 언어로 표현할 수 있게 돼요. 이것은 논술 실력이 향상하는 기초가 되지요.

창의력과 시각적 표현력이 자라나요!

다양한 그리기 활동이 있어서, 자신의 생각을
그림으로 표현하는 것이 즐거워져요. 깊은 사고를
바탕으로 한 창의적 발상과 감각적 표현이
한 번에 이루어지지요. '비주얼 씽킹'을 강조하는
요즘, 효과적인 이미지 전달을 연습할 수 있어요.

초등 교과 연계로, 학교 공부도 척척!

이 책의 내용은 '2015 개정 교육과정'의 초등 1~2학년 교과와 연계되어 있어요.
사고의 폭이 커지고 어휘력이 폭발하는 시기의 초등 1, 2학년 친구들이
학교 공부를 하는 데 실질적인 도움이 될 거예요.

🐱 2015 개정 교육과정 연계

2015 개정 교육과정 국어과에서 지향하는 비판적 · 창의적 사고 역량, 자료 · 정보 활용 역량, 의사소통 역량,
공동체 · 대인 관계 역량, 문화 향유 역량, 자기 성찰 · 계발 역량 등을 기를 수 있도록 구성했습니다.

1학년 1학기	1학년 2학기	2학년 1학기	2학년 2학기
바른 자세로 읽고 쓰기, 재미 있게 ㄱㄴㄷ, 다 함께 아야어여, 글자를 만들어요, 다정하게 인사해요, 받침이 있는 글자, 생각을 나타내요, 소리 내어 또박또박 읽어요, 그림일기를 써요	소중한 책을 소개해요, 소리와 모양을 흉내 내요, 문장으로 표현해요, 바른 자세로 말해요, 알맞은 목소리로 읽어요, 고운 말을 해요, 무엇이 중요할까요, 띄어 읽어요, 겪은 일을 글로 써요, 인물의 말과 행동을 상상해요	시를 즐겨요, 자신 있게 말해요, 마음을 나누어요, 말놀이를 해요, 낱말을 바르고 정확하게 써요, 차례대로 말해요, 친구에게 알려요, 마음을 짐작해요, 생각을 생생하게 나타내요, 다른 사람을 생각해요, 상상의 날개를 펴요	장면을 떠올리며, 인상 깊었던 일을 썼어요, 말의 재미를 찾아서, 인물의 마음을 짐작해요, 간직하고 싶은 노래, 자세하게 소개해요, 일이 일어난 차례를 살펴요, 바르게 말해요, 주요 내용을 찾아요, 칭찬하는 말을 주고받아요, 실감 나게 표현해요

 부모님과 선생님께 유용한 지도팁! 활동이 갖는 의미와 효과적인 안내글을 부록으로 실어, 지도에 도움을 드립니다.

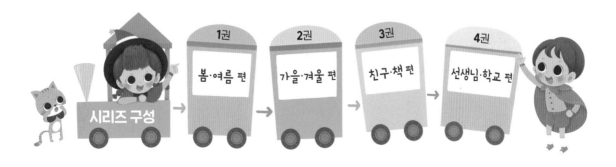

꽁꽁마녀, 계절요정을 납치하다!

" 뉴스를 말씀드리겠습니다.
3월을 지나 4월이 되었는데도 흰 눈이 펑펑 내리고 있습니다.
전문가와 지나가는 시민의 이야기를 들어보시죠.

과학적으로 도저히 이해할 수 없는 일이 벌어지고 있습니다.
시베리아의 찬 고기압은 이미 물러났는데 말이죠.
이 현상을 말해 줄 날씨 전문가는 아마 지구상에 없을 거예요.
구시렁구시렁~

내가 99년을 살았지만 4월 말에도 이렇게 추운 적은 정말 없었다네.
노인네 넘어지게 온 세상이 빙판이고 말이야.
세상이 이상하게 돌아가고 있어. 쿨럭쿨럭!

아, 이제 눈싸움은 지겨워요. 하느님이 아무래도 주무시나 봐요.
얼른 따뜻한 봄님 좀 보내주세요.
그러면 제가 선물로 춤을 춰 드릴게요. 울라울라~

어떻게 이런 일이???

온 세상에 구름 이 뭉게뭉게 피어오른 어느 날,

사랑스러운 고양이 꽁냥이 와 알콩달콩 살고 있던 꽁꽁마녀 가

꽁꽁 언 아이스크림 을 먹으며 『사계절의 신비』라는 책 을 읽었대.

다 읽고는 매일매일 똑같은 마녀 마을의 날씨가 지겹다고 생각을 한 거지.

그래서 계절요정들을 자기 성으로 데려오기로 한 거야, 글쎄!

꽁꽁마녀는 슝슝빗자루 를 타고

계절요정들이 오순도순 살고 있는 궁전 으로 쌩~하니 날아갔지 뭐야.

그러고는 봄, 여름, 가을, 겨울의 요정들을 꽁꽁밧줄로 꽁꽁 묶어서는

수리수리성 의 마수리방에 가둬버렸어.

그 방은 '열려라 참깨 열쇠' 만이 열 수 있는데 말이야.

어쨌든 인간 세상에서 계속 춥다고 시끌시끌한 소리가 들리자

꽁꽁마녀는 고민 끝에 편지 를 한 통 보내왔어.

계절요정들을 찾고 싶으면
게임에 성공해서 마법 카드를 얻을 것!
15장의 마법 카드를 획득하면 '열려라 참깨 열쇠'로 열어
요정을 한 명씩 보내주마.
하지만 쉽지 않을 거야~ 하하하

↘ 수리수리성 에 사는 꽁꽁마녀가

🐾 이름은? **비비디바비디부 워리워리돈워리 꽁꽁마녀.**
　(남들보다 이름이 쬐끔 길어서 보통은 '꽁꽁마녀'라고 부르지~)

🐾 나이는? **네 사촌의 옆집 동생의 나이에 123개월을 더하면 될 거야, 아마도?**

🐾 어디에 살아? **수리수리성.**

🐾 누구랑 살아? **꽁냥이**(그림 그리기를 좋아하는 고양이)**랑 둘이 살아.**

🐾 좋아하는 일은 뭐야? **꽁꽁 언 아이스크림을 먹으며 책을 읽는 거야.**

🐾 심심할 땐 뭐해? **책 읽다가 그림을 그리지.**(하지만 난 바쁠 때도 책을 읽어~)

🐾 궁금할 땐 어떻게 해? **당연히 마녀들의 백과사전에서 찾아 보지.**

🐾 잘하는 건 뭐야? **마녀스프 만들기, 마녀의 역사책 읽기, 캐리커처 그리기.**

🐾 더 잘하는 건 뭐야? **말놀이.**(누구한테도 져 본 적이 없지!)

🐾 나쁜 점은 뭐야? **갖고 싶은 게 있으면 잠을 못 자.**

🐾 진짜 나쁜 점은 뭐야? **갖고 싶은 건 뭐든 꽁꽁밧줄로 묶어 가져오지.**

🐾 얼굴의 특징은? **너무 예쁜 게 단점이랄까?**(진짜야~)

🐾 어떤 옷을 입었어? **별이 달린 뾰족 모자와 보라 빛 망토를 즐겨 입지.**

🐾 마지막으로... 요정들이 잡혀 있다는 수리수리성은 어떻게 생겼어?

지하에는 숭숭빗자루 보관소가 있고, 4층까지 있는데 각 층에는
15개의 특별한 방이 있으며, 그 끝에 마수리 방이 있어.
그리고 이건 비밀인데,
옥상에는 반짝반짝 별뿐만 아니라 뭐든 보이는
'깜짝이야 망원경'이 숨겨져 있지!

요정들이 잡혀 있는 수리수리성과 마녀를 그려 보자!

🐾 내가 그동안 생각했던 마녀와 꽁꽁마녀의 다른 점은?

_____

🐾 꽁꽁마녀의 장점은?

_____

🐾 꽁꽁마녀의 단점은?

_____

🐾 내가 생각했을 때 꽁꽁마녀의 성격은?

_____

이를 어쩌지? 어떻게 하면 될까?

그날부터 어른들이 모여서 머리를 꽁꽁 싸매고 회의를 했지.

"모두들 꽁꽁마녀에 대해 살펴보셨죠?"
"네, 책을 많이 읽고, 말놀이를 잘한다니 만만치 않겠어요."
"하지만 정확한 나이는 몰라도 고양이랑 사는 아직 어린 마녀예요."
"우리도 정정당당하게 말놀이를 잘하는 어린이로 보냅시다."
"부모님과 떨어져 여러 날을 있어야 할지 모르니 용감해야 해요."
"맞아요. 용감하고, 말놀이도 잘하고, 지혜로운 어린이로 선발하자고요."
"좋아요. 당장 '언어대장'을 뽑읍시다!"

그.래.서.
'언어대장'으로 우리 친구가 뽑혔다는 사실!!!

임 명 장

이름: _____

위 어린이를 수리수리성에 갇혀 있는 계절요정들을
건강하게 데려올 때까지 우리나라를 대표하는
언어대장으로 임명합니다.

_____ 년 _____ 월 _____ 일

아름다운 사계절 찾기 대책 위원장

좋다, '언어대장'인 나에 대해 소개하지!

✤ 이름은? _____

✤ 나이는? _____

✤ 어디에 살게? _____

✤ 누구랑 살게? _____

✤ 제일 좋아하는 음식은 뭐야? _____

✤ 좋아하는 놀이는 뭐야? _____

✤ 심심할 땐 뭐해? _____

✤ 잘하는 건 뭐야? _____

✤ 더 잘하는 건 뭐야? _____

✤ 나쁜 점은 뭐야? _____

✤ 나쁜 점을 고치려고 어떻게 노력하게? _____

✤ 얼굴의 특징은? _____

✤ 어떤 옷을 입었어? _____

✤ 나를 응원해 줄 사람은 누가 있을까? _____

✤ 마지막으로 각오 한 마디! 짧고, 굵게 말해 주마!!!

_____

슝슝빗자루를 타고 수리수리성으로, 출발!

'언어대장'이 '나'로 정해지자 꽁꽁마녀는 우리집으로 슝슝빗자루와 함께 편지를 보내왔다!

언어대장, 나의 멋진 슝슝빗자루를 타고 오렴.

먼저 네가 이 슝슝빗자루를 탈 자격이 있는지 심사하도록 하겠다.

보내주는 종이에 네가 빗자루를 타고 있는 그림과

그 기분을 7가지 낱말로 표현해 볼 것!

보내온 상태가 마음에 들지 않으면

하늘에서 빗자루가 뒤집힐 수도 있지. 하하하~

수리수리성 🏰 에 사는 꽁꽁마녀가 🧙

재미나다

기대된다

두근두근

설렌다

흥분된다

쿵쾅쿵쾅

콩닥콩닥

잊지 않았지? 슝슝빗자루를 타고 있는 내 모습을 그리고, 하늘을 나는 기분을
7가지 낱말로 표현해 보는 거야. 꽁꽁마녀가 내 실력에 깜짝 놀라도록
기분을 나타내는 낱말을 잔뜩 적어 주자!!!

제발
빗자루가 뒤집히지
않기를 바란다냥~

봄 요정을
구하라!

보글보글, 마법 수프를 만들자!

01 새콤달콤 맛있는 밤

언어대장, 여기까지 오느라 수고 많았어! 우선 우리 맛있는 음식을 먹으면서 시작해 볼까?
여기서는 다양한 재료와 마법 가루를 콩알만큼 섞어서 수프를 만들어 볼 거야.

🦇 마법 수프를 만드는 데 어떤 재료를 넣을지, 접시마다 어울리는 음식 재료
세 가지를 그리고, 재료 이름도 써 보세요.

⭐새콤달콤한 음식 재료⭐

레몬 , ,

⭐무서운 음식 재료⭐

, 공룡이 빨 ,

⭐재미난 음식 재료⭐

, , 먹물 뿜는
오징어

주방에서는 어떤 소리가 나는지,
어떤 모습이 보이는지 마녀의 커다란 냄비에 가득 적어 보세요.

마법 수프는 어떤 맛이야?

이 수프를 먹으면 어떤 일이 생길까?

지글 지글

휘적 휘적

지글 짝! 보글 짝!
지글보글 짝짝!

요리 끝! 어때, 네 입맛에 딱이라고? 주방에서 나는 소리 낱말들도
가득 적었다고? 그랬다면 성공이야. **새콤달콤 마법카드** 획득!

마법카드

끝말잇기로 칙칙폭폭!

언어대장, 기차가 보이지? 여기서는 끝말잇기로 기차를 연결해 봐!
내 이름으로 끝말잇기를 시작한다면 꽁꽁마녀 ➡ 녀석 ➡ 석양 ➡ 양동이 ➡ 이쑤시개
➡ 개나리 ➡ ⋯. 난 밤새도록 할 수 있지!

🦇 기차의 몸통에는 글씨를 적고, 위쪽에는 그림으로 표현해서 끝말잇기를 해 보세요.

24

꽁냥이 ➡ 이쁜이
➡ 이다지도 나는 이쁠까
➡ 까마귀 ➡ 귀신이다냥!
히히히, 무섭지?

언어대장도 밤새도록 끝말잇기를 할 수 있다고?
좋아, 이 방의 모든 기차가 틀리지 않고 잘 연결되었다면 성공이야!
칙칙폭폭 마법카드 획득!

소녀를 마술병에 쏙!

꽁냥이가 마술 놀이터에서 놀다가 그만 마술병 뚜껑이 열려서 모두 섞여 버렸지 뭐야?
병에 쓰여 있는 이름대로 마술 약들을 넣어 줘야만 해. 마술 약을 화살표로 병 입구까지
그려주면 저절로 들어간대.

규칙 '남자', '여자'에 해당하는 5개의 마술 약을 각각 넣어 줄 것.
주의사항 만약 마술 약을 3개 이상 잘못 넣으면 병이 깨진다. **으악!**

소녀

여자

각시

신사

아주머니

소년

아들

숙녀

아저씨

신랑

딸

남자

높임말을 찾아라!

꽁냥이가 뒤죽박죽 마법 책을 보고 있네. 아래 낱말의 높임말을 뒤죽박죽 마법 책에서 찾아 써 보자!

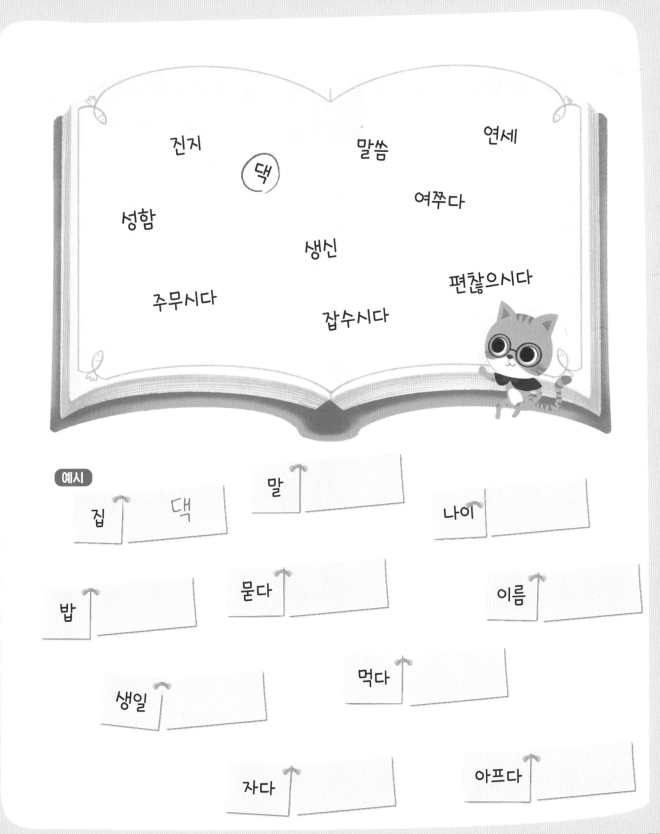

진지   말씀   연세

댁

여쭈다

성함

생신

편찮으시다

주무시다

잡수시다

예시

집 → 댁   말 →

나이 →

밥 →   묻다 →

이름 →

생일 →   먹다 →

자다 →   아프다 →

마녀 마을의 멋쟁이, 꽁꽁마녀!

언어대장, 너희 세상에는 요즘 어떤 스타일이 유행이야?
나는 수리수리성에만 있으니 촌스러워지는 것 같아.
언어대장이 나의 스타일리스트가 되어 줘!

🦇 머리부터 발끝까지 내가 상상하는 모습으로 꽁꽁마녀를 꾸며 보세요.

세상에서 제일
친절한 꽁꽁마녀

세상에서 제일
화려한 꽁꽁마녀

⭐ 이 옷의 특징은?

⭐ 이 옷의 특징은?

꽁냥이와 커플룩으로 꾸민
꽁꽁마녀

_____ 한
꽁꽁마녀

✿ 이 옷의 특징은?
_____
_____

나는 내 손으로, 도전!
똑똑하고 우아해 보이는
스타일로 변신이다냥.

✿ 이 옷의 특징은?
_____
_____

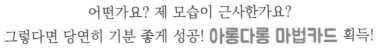
어떤가요? 제 모습이 근사한가요?
그렇다면 당연히 기분 좋게 성공! **아롱다롱 마법카드** 획득!

29

나, 명함 있는 마녀야!

언어대장, 사람들 사이에서는 자신을 소개하는 '명함'이라는 것이 있다며?
이 방에서는 내 얼굴이 들어간 명함을 만들어 줘!

🦇 나와 친구, 꽁꽁마녀의 얼굴을 그리고, 이름으로 삼행시도 지어 보세요.

꽁 꽁치를 좋아하는 고양이.

냥 냥이네 냉장고에는
항상 생선이 가득하지.

이 이쁜 꽁냥이의 비결은 바로
생선 많이 먹기다냥! 하하하!

꽁

꽁

마

녀

언어대장 _____의 명함

내 친구 _____의 명함

_____의 명함

명함 있는 마녀는 마녀 마을에서 나밖에 없겠지? 깔깔깔.
이번 미션 성공! **말랑말랑 마법카드** 획득!

마법카드

바다에 사는 동물 낚시

꽁냥이가 신나게 낚시를 하고 있네. 물방울에 있는 글자를 골라 주제에 해당하는 낱말이 되면 물고기에 쓰면 돼. 물고기는 모두 10마리야.

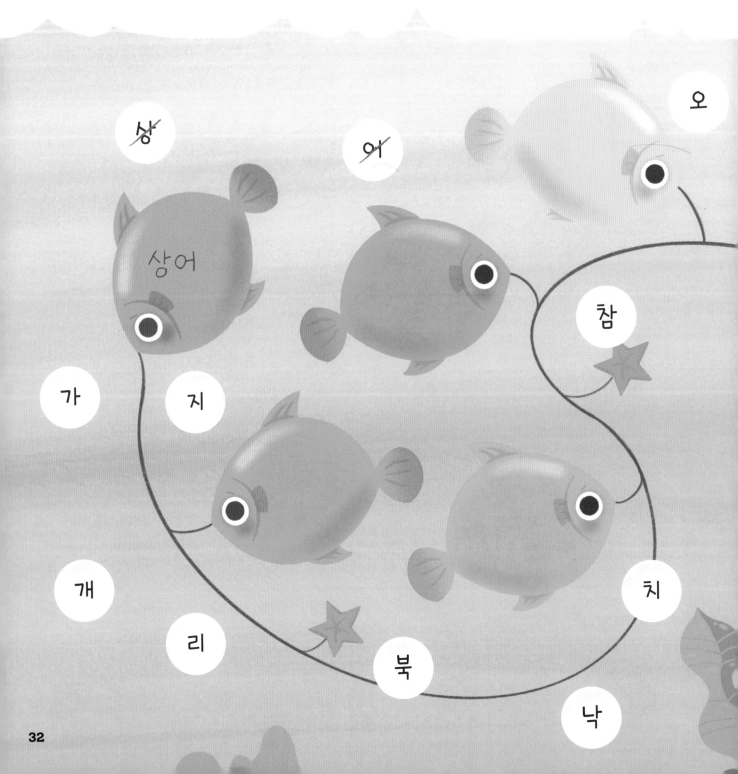

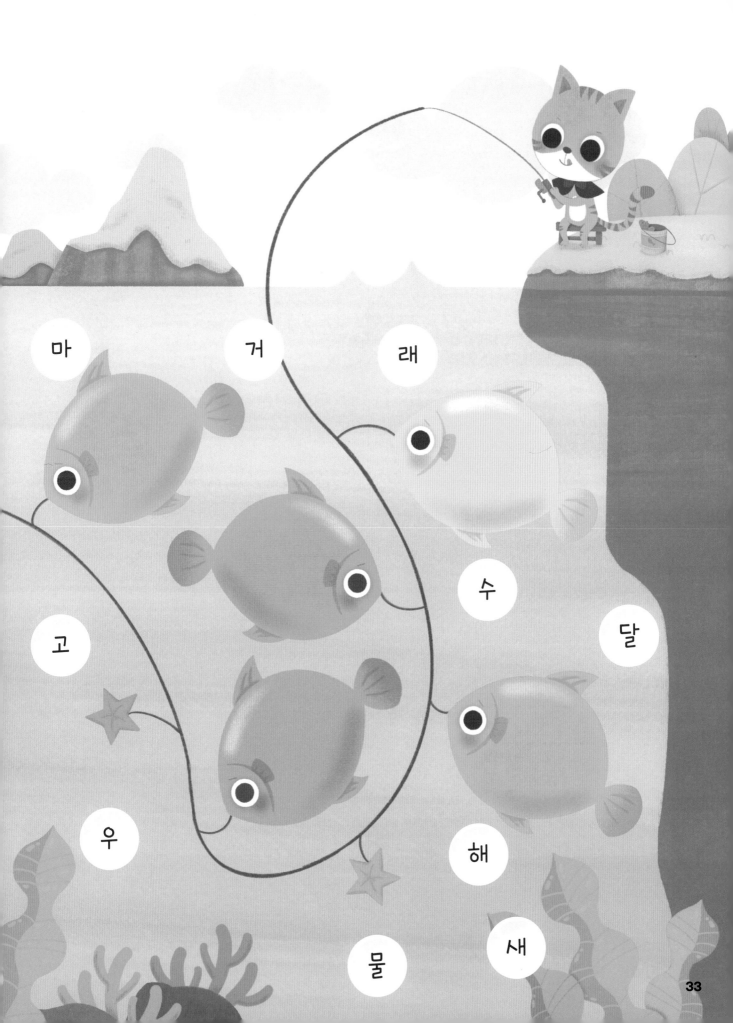

마 거 래 고 수 달 우 해 물 새

33

수고하는 내 손아, 고마워!

언어대장, 이 방을 통과하는 비밀 열쇠는 '칭찬의 말'이야.
음, 오늘은 나를 위해서 언제나 수고하는 내 손을 칭찬해 주자!

🦇 손가락을 쫙 펴고 종이에 올려놓은 후, 손 모양을 따라 그리세요.
   손톱이나 주름, 털 하나까지 자세하게 그려 보세요.

✿ 내 손을 그리며 새롭게 발견한 3가지를 써 보자!

🦇 손가락마다 내 손에게 전하는 칭찬의 말을 적어 보세요.

글씨 쓰느라 수고가 많구나!

잉잉잉. 나는 손은 없고 발만 있다냥.

손톱 밑의 때까지 그렸다고? 에이, 더러워. 빨리 씻고 와!
어쨌든 내 손에 칭찬할 점을 장난하지 않고 솔직하게 잘 썼다면 성공!
토닥토닥 마법카드 획득!

나비의 변신, 뾰로롱!

언어대장, 너희 세상의 봄에는 '나비'라는 예쁜 곤충이 많이 있던데,
가만히 살펴보니 모습이 비슷비슷하던걸?
아이, 재미없어! 모두 똑같은 건 지루해!
우리 다양하고 재미있는 봄 동산을 만들어 보자!

🦇 나비의 날개와 더듬이를 여러 가지 모양으로 그리고, 각각 어울리는 이름도 지어 주세요.

이름: 꼬불이

난 더듬이가 없으니 대신 수염을 파마해야겠다냥.

나비마다 특징이 모두 다르니 봄 동산이 더 다양해졌네! 수고했어.
이번 미션도 성공! **꼼질꼼질 마법카드** 획득!

낱말 블록 쌓기

꽁냥이가 열심히 낱말 블록을 쌓고 있네. 뜻풀이가 적힌 쪽지와 낱말 블록을 같은 색으로 칠해 보자. 블록도 쌓고 낱말도 익히자.

규칙 쪽지와 낱말 블록의 색깔을 잘 맞출 것!

주의사항 만약 색깔이 틀린 게 3개 이상이면 쌓아 놓은 블록이 와르르 무너진다. **맙소사!**

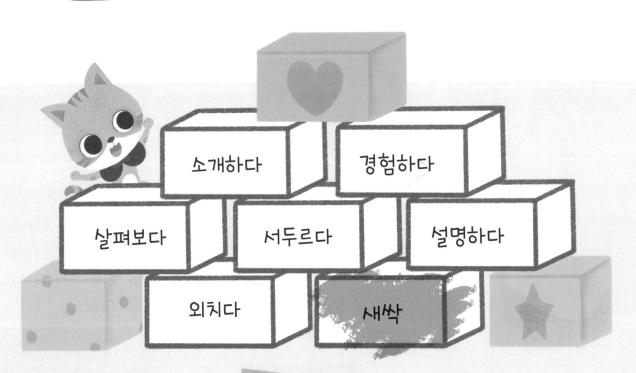

소개하다

경험하다

살펴보다

서두르다

설명하다

외치다

새싹

새로
돋아나는 싹.

자신이 실제로
해 보거나
겪어 보다.

다른 사람의
주의를 끌기 위해
큰 소리를 지르다.

어떤 내용을
남이 잘 알 수
있도록 말하다.

모르는 내용을
잘 알도록
설명하다.

일을 빨리 끝내
려고 급하게
움직이다.

두루두루
자세히 보다.

맞춤법이 식은 죽 먹기

꽁냥이가 맞춤법은 이제 식은 죽 먹기라고 말했지만 아래 문장들을 보더니 고개를 갸우뚱거리네.
언어대장이 잘 보고, 맞는 낱말을 찾아 ○표 해주자. 자신 있지? 물론 좀 틀려도 괜찮아.
지금 배우면 되니까!

❶ 봄볕이 따뜻해서 (나들이) 나드리 갔어요.

❷ 미세먼지가 없으니 공기가 말가요. 맑아요.

❸ 냇가에는 올챙이 올쳉이 들이 헤엄을 치네요.

❹ 키가 큰 벚꽃 벗꽃 과 목련꽃이 탐스러워요.

❺ 봄 햇살을 닮은 달믄 개나리도 예쁘지요.

❻ 벌들은 윙윙 꿀을 옮기느라 옴기느라 바빠요.

❼ 개미도 먹이를 짊어지고 질머쥐고 떼 지어 가네요.

❽ 나는 나팔꽃 씨앗 씨안 을 꼭꼭 눌러 심었어요.

❾ 숨박꼭질 숨바꼭질 하면서 신나게 놀기도 했지요.

❿ 아이스크림을 핥아 할타 먹으며 집으로 돌아왔어요.

39

한글 자음의 별난 행진!

언어대장, 난 이제 마녀 마을에 있는 책을 거의 다 읽어서 심심했는데 '한글'이라는 것을 배웠거든. 아주 쉽고 재미있더라.
이 방에서는 나와 한글로 실력을 겨뤄 보자.

🦇 자음(닿소리) 14개로 재미난 그림을 그리고, 그 자음으로 시작하는 낱말을 써 보세요.

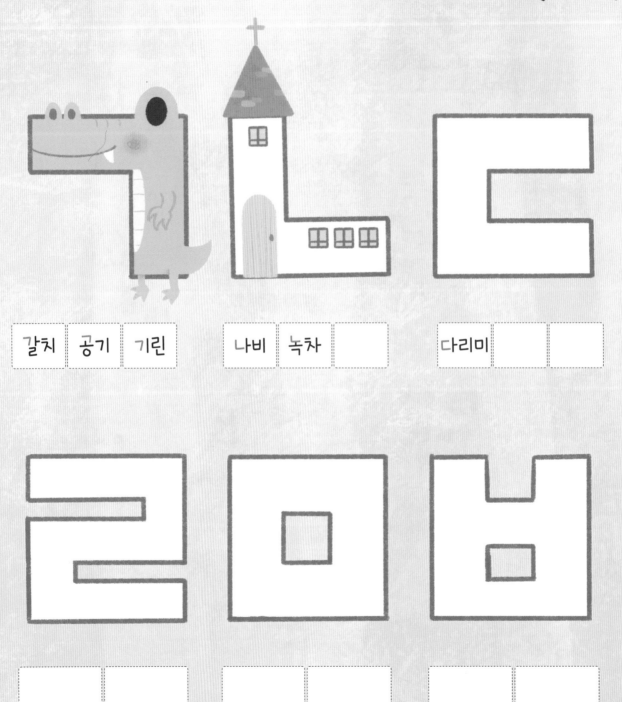

| 갈치 | 공기 | 기린 |

| 나비 | 녹차 | |

| 다리미 | | |

꽁꽁마녀를 찾아라!

언어대장, 오늘은 나와 숨바꼭질을 해 보자. 마녀들 사이에서 나를 찾는 거야.
아주 비슷해서 눈을 크게 뜨고 찾아야 할 거야!

그림 속에 숨은 세 명의 꽁꽁마녀를 찾아 보세요.

자음 징검다리 건너기

꽁냥이는 물을 아주 싫어해. 그런데 물과 친해지고, 한글 공부도 하라며 꽁꽁 마녀가 징검다리가 놓인 '개울 놀이터'를 만들었지 뭐야? 언어대장이 맞춤법이 맞는 둘 중 한 개의 돌에만 색칠을 해줘. 그걸 따라서 꽁냥이가 개울을 잘 건널 수 있도록 말이야.

규칙

한글 자음(총 14개)의 이름이 바르게 쓰인 돌만 색칠해서 징검다리를 만들 것.

주의사항

틀린 글자를 밟으면 꽁냥이가 물에 빠지며 그로 인한 스트레스로 성격이 포악해질 수 있다. **안 돼!**

리은

리을

미음

미응

비웃

비읍

티을

티귿

키역

키윽

피읍

피읖

히을

히응

뚝딱뚝딱, 나를 위해 일해라!

어휴, 청소는 너무 힘들어! 언어대장, 이 방에서는 나를 위한 로봇을 만들어 줘!
집 청소는 물론 즐겁게 놀아 주는 로봇이면 좋겠어. 책 읽어 주는 기능도 부탁해!

꽁꽁마녀를 위한 로봇을 그려 보고, 어떤 특별한 기능이 있는지 써 보세요.

★ 로봇 이름:

★ 특별한 기능 3가지

지금 나에게 꼭 필요한 로봇은 무엇일까 상상해 보고 그림으로 그려 보세요.

나는 고등어를 선물하는
잘생긴 냥이 로봇으로
부탁한다냥.

로봇 이름: _____

특별한 기능 3가지

_____
_____
_____

와, 정말 특별한 로봇이 완성됐네. 멋진 아이디어를 칭찬하며
이번 미션 성공. **반짝반짝 마법카드** 획득!

마법카드

다 함께 소리 높여!

오늘은 큰 소리로 말하며 스트레스를 풀어 볼까? 그렇다면 '같은 말로 이어 말하기 놀이(같은 말을 앞쪽에 넣어 반복하면서 뒤쪽에는 자신이 생각한 말을 붙이는 놀이)'와 '잰말 놀이(문장을 정확하고 빠르게 읽는 놀이)'가 최고지!

🦇 같은 말을 앞쪽에 넣어 반복하면서 뒤쪽에는 자신이 생각한 말을 넣어 보세요.

높다 높다 철봉이 높다

높다 높다 구름이 높다

높다 높다 _____ 높다

높다 높다 _____ 높다

높다 높다 _____ 높다

낮다 낮다 아기 코가 낮다

낮다 낮다 _____ 낮다

낮다 낮다 _____ 낮다

낮다 낮다 _____ 낮다

낮다 낮다 _____ 낮다

크다 크다 운동장이 크다

크다 크다 _____ 크다

크다 크다 _____ 크다

크다 크다 _____ 크다

크다 크다 _____ 크다

예쁘다 예쁘다 민들레가 예쁘다

예쁘다 예쁘다 _____ 예쁘다

예쁘다 예쁘다 _____ 예쁘다

예쁘다 예쁘다 _____ 예쁘다

예쁘다 예쁘다 _____ 예쁘다

아래 주어진 문장을 정확하게 읽어 보세요. 익숙해지면 빠르게 말해 보세요.

멍멍이네 꿀꿀이는 멍멍해도 꿀꿀 하고,

꿀꿀이네 멍멍이는 꿀꿀해도 멍멍 한다.

내가 그린 기린 그림은 잘 그린 기린 그림이고,

네가 그린 기린 그림은 잘못 그린 기린 그림이다.

자꾸 읽다보니 혀가 꼬인다냥!

생각보다 어렵지만 말놀이는 재미있어! 틀리지 않으려고 10번 이상 큰 소리로 읽으며 노력했다면 이번 미션 성공. **신통방통 마법카드** 획득!

병아리 십자말풀이

꽁냥이가 끙끙거리며 십자말풀이를 하고 있네. '십자말풀이'는 바둑판 같은 바탕에 가로와 세로에 있는 문제의 답을 쓰는 낱말 퀴즈야. 답을 다 쓰면 '병아리'를 외쳐야 해.

규칙 가로, 세로 각각 4개의 답을 모두 쓴 후 '병아리'를 외칠 것.

주의사항 만약 '병아리'를 외치지 못하면 1시간 동안 말을 할 수 없게 된다. 답답해!

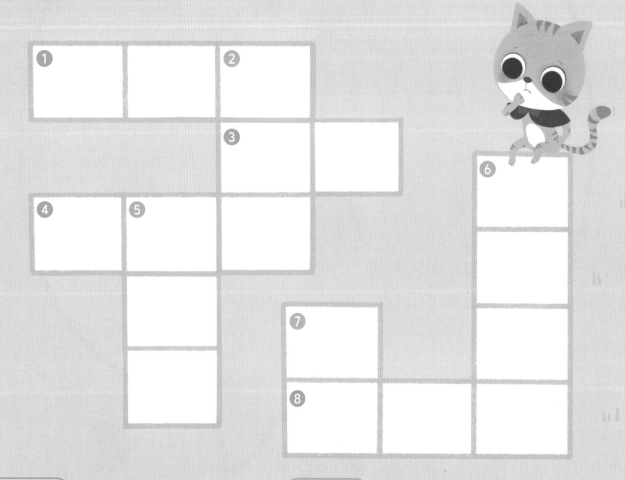

가로 도움말

1. 연필로 쓴 글씨나 그림을 지우는 물건.
3. 공기 중의 작은 물방울이 덩어리가 되어 하늘에 떠다님.
4. 아직 다 자라지 않은 어린 닭. 닭의 새끼.
8. 생일날 먹는 미역을 넣고 끓인 국.

세로 도움말

2. 올챙이가 다 자라면 되는 동물. 개굴개굴 소리를 냄.
5. 어머니의 남편. 자녀를 둔 남자.
6. 우리나라의 정식 이름.
7. 허리가 가는 곤충. 『○○와 베짱이』에서 열심히 일하는 곤충.

오감 퀴즈 나무

꽁냥이가 팔을 쭉쭉 뻗으며 감을 따려고 하네. 그런데 감 열매에 쓰여 있는 낱말이 〈보기〉의 어느 감각에 해당하는지, 그 색으로 칠해야만 맛있는 감을 딸 수 있어.

잠깐, 우리 몸에는 다섯 개의 감각, 시각(눈), 청각(귀), 후각(코), 미각(입), 촉각(피부)이 있단다.

보기

시각(눈)　청각(귀)　후각(코)　미각(입)　촉각(피부)

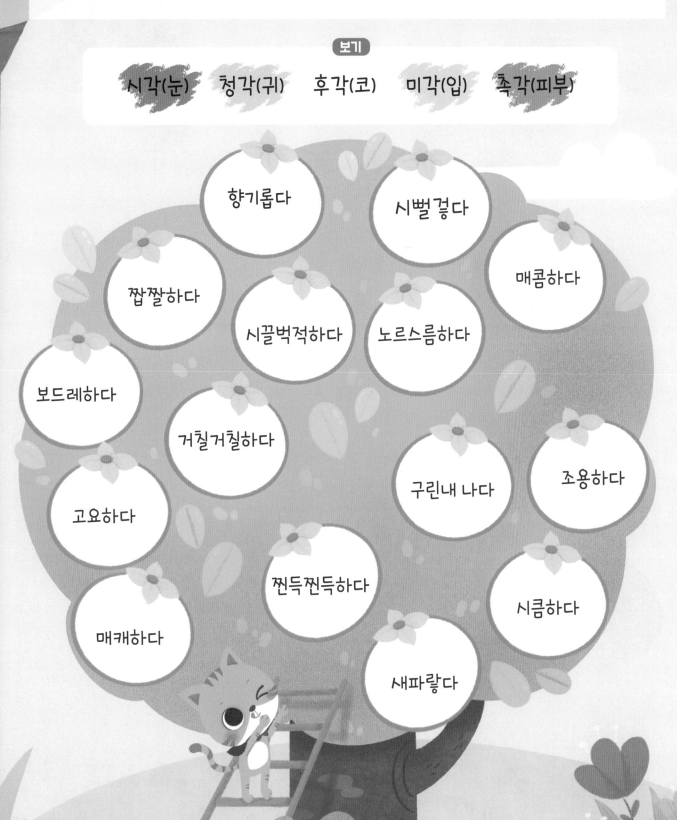

향기롭다

시뻘겋다

매콤하다

짭짤하다

시끌벅적하다

노르스름하다

보드레하다

거칠거칠하다

구린내 나다

조용하다

고요하다

찐득찐득하다

시큼하다

매캐하다

새파랗다

51

에디슨에게 물어보자!

난 위인들의 이야기 읽는 것을 아주 좋아해. 그중에서도 발명왕 에디슨의 이야기는 정말 감동적이야. 같이 읽어 볼까?

🦇 언어대장이 에디슨을 직접 만나 궁금한 걸 물어본다면 뭐라고 대답해 주셨을까 생각하고 써 보세요.

에디슨이 사는 시대에도 가스등이나 아크등이라는 것이 있어서 밤에 불을 켤 수는 있었어요. 하지만 값이 비싸고, 굉장히 위험해서 보통 사람들은 대부분 램프로 밝히거나 일찍 잠자리에 들었어요. 에디슨은 밤에도 일을 하거나 책을 읽고 싶은 사람들을 위해서 값이 싸고 안전한 전구를 발명하고 싶었지요. 하지만 백열전구를 만들기 위해 수많은 실패를 경험해야만 했어요.

"에디슨, 우리는 지금 전구 실험만 9,000번을 넘게 실패만 하고 있네. 이제 그만 포기하는 것이 어떤가?" 같이 연구하던 사람이 이렇게 말하자 에디슨이 말했어요.

"아니 우리가 실패를 했다니 그게 무슨 말인가? 우리가 그동안 한 것은 9,000번의 안 되는 방법을 찾은 거지! 안 되는 방법을 계속 찾다 보면 어느 날 성공하는 방법도 찾지 않겠나? 조금만 더 해 보세!"

결국 에디슨은 백열전구를 발명해 냈고, 그로 인해 우리는 밤에도 낮처럼 생활을 할 수 있게 되었답니다.

에디슨

🌸 에디슨 씨,
전구 실험만 9,000번 넘게 실패를 했는데 어떻게 계속할 수 있었죠?

_____

🌸 에디슨 씨,
당신은 귀도 잘 들리지 않았다는데 어떻게 많은 발명품을 만들 수 있었나요?

_____

🌸 에디슨 씨,
'발명가'라는 직업의 매력은 무엇인가요?

_____

🦇 에디슨처럼 발명가가 된 내 모습과 만들고 싶은 발명품을 그려 보세요.

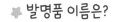발명품 이름은?

_____

발명가가 되기 위해선 지금부터 어떤 노력을 해야 할까?

_____

_____

_____

에디슨님이 토스트기,
와플 기계도 만드셨다면서요?
제가 잘 이용하고 있어요.
고맙다냥.

발명가라는 직업도 아주 멋지지! 훌륭한 발명가도 될 수 있는
언어대장을 응원하면서 이번 방도 통과! **무럭무럭 마법카드** 획득!

과연 최후의 승자는 누구?

오늘 동물들의 달리기 대회가 열렸어! 참가자는 밀림에서 가장 느린 **치타**와 세상에서 제일 빠른 **나무늘보**, 목과 다리가 제일 짧은 **기린**, 세쌍둥이를 새끼주머니에 넣고 뛰는 엄마 **캥거루**야! 과연 최후의 승자는 누구일까?

🦇 선수들이 마지막 결승선에 도착하는 모습을 그려 보세요.

<4등>

<3등>

✿ 달리기 대회에서 일등부터 꼴찌까지 동물들을 순서대로 써 보자!

| 1등 [　　] | ➡ | 2등 [　　] | ➡ | 3등 [　　] | ➡ | 4등 [　　] |

✿ 왜 그렇게 생각했어?

_____

_____

<1등>

<2등>

살다 살다 별 희한한
달리기 시합을
다 본다냥.

끝까지 열심히 달려준 모든 선수들에게 박수를 보내며 이번 미션도 성공.
키득키득 마법카드 도 획득!

마법카드

말의 중요성 속담 퍼즐

꽁냥이가 갸우뚱거리며 속담 퍼즐을 맞추고 있네.
속담의 뜻에 맞게 퍼즐을 연결한 뒤 같은 색으로 칠하고, 바르게 써 보자.

예시 말을 잘하면 어려운 일도 잘 해결될 수 있다는 뜻.

내가 먼저 남에게 잘해 주어야 남도 나에게 잘해 준다는 뜻.

비밀스럽게 하는 말도 새어 나가기 쉬우니 말조심을 하라는 뜻.

소문은 빨리, 멀리 전달되니 말조심을 하라는 뜻.

말을 하지 않으면 아무도 모르니 말로 표현하라는 뜻.

버릇처럼 한 말이나 무심코 한 말이 이루어질 수 있으니 말조심을 하라는 뜻.

남의 잘못을 드러내어 말하는 것은 아주 쉽다는 뜻.

발 없는 말이

말 한마디에

남의 말 하기는

낮말은 새가 듣고

말이

말 안 하면

가는 말이 고와야

✿ 속담 바르게 써 보기 ✿

밤말은 쥐가 듣는다

귀신도 모른다

천 냥 빚도 갚는다

말 한마디에 천 냥 빚도 갚는다

오는 말도 곱다

씨가 된다

식은 죽 먹기

천리 간다

57

동화작가처럼 생각해 봐!

언어대장, 나는 동화의 내용이 너무 슬프거나 화가 나면 이야기를 바꾸고 싶어져.
아하! 오늘 이 방에서는 내가 작가가 되어 이야기를 마음대로 바꿔 보는 거야!

🦇 아래 주어진 동화의 한 장면을 상상한 대로 바꿔 보세요. 글과 그림으로 자유롭게 표현해 보는 거예요.

『피노키오』 피노키오가 거짓말을 할 때 코가 길어지는 것이 아니라,

🦇 만약 목이 길어졌다면 _____

🦇 만약 코가 쏙 들어갔다면 _____

🦇 아니면 _____가 길어졌다면 _____

🦇 결말도 바꿔보자, 어떻게? _____

_____

_____

『흥부놀부』에서

🦇 놀부가 만약 착한 어른이었다면 _____

🦇 놀부가 만약 제비 다리를 부러뜨리지 않았다면 _____

🦇 아니면 흥부도 욕심이 많았다면 _____

🦇 결말도 바꿔보자, 어떻게? _____

_____

_____

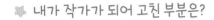

🦇 앞의 두 가지 이야기 중 하나를 골라 글로 완성해 보세요. 그리고 재미있는 장면도 그려 보세요.

🦇 동화 제목

_____

🦇 내가 작가가 되어 고친 부분은?

_____

🦇 가장 재미있는 부분은?

_____

🦇 가장 안타까운 부분은?

_____

🦇 그래서 결말은 어떻게 되었지?

_____

_____

🦇 이 동화는 어떤 사람이 읽으면 제일 좋아할까? 이유는?

_____

_____

『장화신은 고양이』의
주인공을 나로
바꿔달라냥.

동화 작가가 된 기분이 어때? 내용과 그림이 마음에 들어?
그렇다면 이번 미션 성공. **도란도란 마법카드** 획득!

나는 무엇일까요?

언어대장, 나는 퀴즈도 아주 잘 맞춘단다. 요즘은 초성 퀴즈의 매력에 푹 빠져 있어.
'초성 퀴즈'는 글자의 첫소리인 자음만을 보고 낱말을 맞추는 게임이야.
나와 한번 겨루어 볼까?

🦇 봄과 여름에 피는 꽃과 과일 이름으로 초성 퀴즈를 맞춰 보세요.

아래는 이름을 이용한 수수께끼입니다. 알쏭달쏭 수수께끼를 풀어 보세요.

예시

말은 말인데,
타지 못하는 말은?

양말

개는 개인데,
잡히지 않는 개는?

_____

물은 물인데, 사람들이
무서워하는 물은?

_____

불은 불인데,
뜨겁지 않은 불은?

_____

금은 금인데,
먹을 수 있는 금은?

_____

감은 감인데,
못 먹는 감은?

_____

자루는 자루인데,
담을 수 없는 자루는?

_____

깨는 깨인데,
못 먹는 깨는?

_____

 어때? 생각이 날 듯 말 듯 아리송했지? 봄과 여름에 피는
꽃과 과일, 수수께끼를 즐겁게 풀었다면 성공. **알쏭달쏭 마법카드** 획득!

61

꽁냥이의 일기 쓰기

꽁냥이의 오늘 일기야. 그런데 맞춤법을 많이 틀렸네.
언어대장이 틀린 부분을 고쳐 주자!

4 월 10 일   날씨: 해님이 방긋, 바람은 살랑살랑

나는 그림 그리는 것을 조아한다.
                    (   )

스케치북, 크레파스만 있으면 하루 종일 심심하지 안타.
                                              (   )

오늘은 꽃을 그린 다음 짤르고, 빨대도 짤라서 목거리로 만드렀다.
                    (   )   (   )   (   )

그래서 나의 단짝 친구 낸시에게 기분조케 선물했다.
                              (   )

그랬더니 낸시가 너무 조아했다. 그 모습을 보니 나도 덩다라 웃음이 났다.
                    (   )   (   )

나는 낸시와 신이 나서 '고양이 요정' 노래를 함깨 불렀다.
                                    (   )

그랬더니 이번에는 옆에 있던 친구들이 손뼉을 치며 박수를 처주었다.
            (   )   (   )   (   )

집에 와서도 꽁꽁마녀님을 도와 방 청소를 열씨미 했다.
                                    (   )

그랬더니 저녁 식사로 내가 제일 조아하는 싱싱한 생선스프를 만드러 주셨다.
                          (   )   (   )

아, 행복해! 매일 오늘만 가트면 조 켔다.
                    (   )(   )

62

문장 만들기가 식은 죽 먹기

꽁냥이가 '쓰기 놀이터'에서 글씨를 많이 써서 팔이 아프다며 투덜거리네. 꽁냥이가 쓴 〈보기〉를 보고 언어대장이 나머지 문장을 완성하는 거야. 문장 만들기는 정말 식은 죽 먹기!

보기

놀이터에 가면

그네를 타요.

모래 놀이를 해요.

미끄럼틀에서 내려와요.

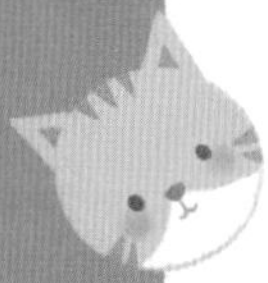

동물원에 가면

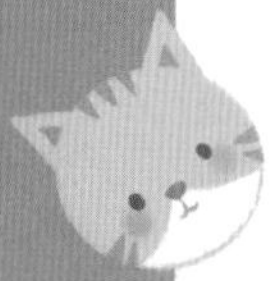

일요일이 되면

나는 자기 전에

따뜻한 봄을 보내 주세요!

언어대장, 드디어 마지막 방에 도착했구나! 지금부터 너희 세상에 '봄'이 왜 꼭 필요한지
나를 설득해 보렴!

🦇 '봄' 하면 떠오르는 것을 자유롭게 적어 보세요.

저런 그림을 '마인드 맵'
이라고 한다지?
'맵'은 지도인데,
하여튼 별별 지도가 다 있다냥.

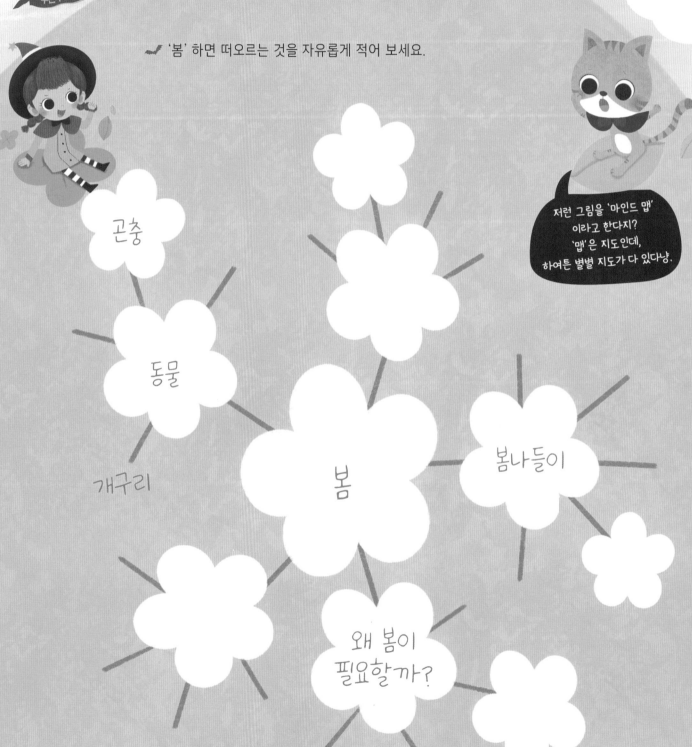

곤충

동물

개구리

봄

봄나들이

왜 봄이
필요할까?

'봄'을 주제로 동시를 짓고, 어울리는 그림도 멋지게 그려 보세요.

봄은 정말 아름다운 계절이야! 네가 지은 동시도 마음에 들고.
두근두근 마법카드까지 획득!

마법카드

봄 요정을 인간 세상으로 보내요!

축하한다, 언어대장! 열다섯 장의 마법카드를 모았으니, '열려라, 뚝딱 열쇠'를 얻을 수 있어.
문을 열어 봄의 요정을 너희 세상으로 보내 줘! 이제 여름 요정이 있는 2층에서 만나자.

봄 요정님, 우리랑
여기서 살아요.
'봄은 고양이로다'라는
시도 있다냥.

여름 요정을
구하라!

사랑이 담긴 아이스크림 주세요!

언어대장, 드디어 2층으로 올라왔네! 여기서는 달콤하고 시원한
아이스크림을 만들 거야. 나는 주로 꽁꽁 언 아이스크림을 먹지만
오늘은 인간 세상에서 가장 맛있는 아이스크림을 먹고 싶어.

꽁꽁마녀와 자신을 위해 콘 위에 아이스크림을 얹고, 그 위에 토핑도 그려 주세요.

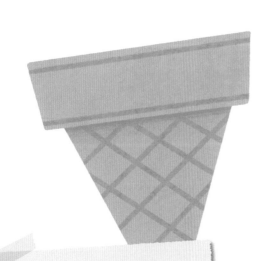

이건 **나**를 위한 아이스크림이야.

✱어떤 재료를 넣었어?

_____

✱어떤 맛이야?

_____

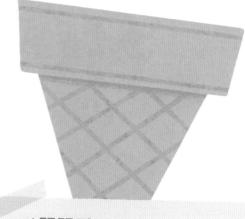

이건 **꽁꽁마녀**를 위한 아이스크림이야.

✱어떤 재료를 넣었어?

_____

✱어떤 맛이야?

_____

🦇 이번에는 아이스크림이 정말로 필요한 사람을 위해 시원한 아이스크림을 만들어 주세요!

✻ 누구를 위한 아이스크림이야?

_____

✻ 어떤 재료를 넣었어?

_____

✻ 어떤 맛이야?

_____

✻ 누구를 위한 아이스크림이야?

_____

✻ 어떤 재료를 넣었어?

_____

✻ 어떤 맛이야?

_____

나는 싱싱한 연어 맛 아이스크림을 제일 좋아한다냥. 냠냠!

정성껏 사랑을 담아 아이스크림을 만들었다면 성공.
새콤달콤 마법카드 획득!

첫 글자 잇기로 칙칙폭폭!

언어대장, 기차들이 보이지? 여기서는 '첫 글자 잇기'로 기차를 연결해 봐! '기차'로 시작했다면
기차 ➡ 기린 ➡ 기역 ➡ 기러기 ➡ 기후 ➡ 기숙사 ➡ 기름 ➡ 기구 ➡ ….
난 99개는 연결할 수 있지!

🦇 기차의 몸통에는 글씨를 적고, 위쪽에는 그림으로 표현해서 '첫 글자 잇기'를 해 보세요.

고양이 → 고릴라 → 고슴도치 → 고래 → 고등어 → 고기 먹고 싶다냥!

설탕을 마술병에 쏙!

꽁냥이가 마술 놀이터에서 놀다가 그만 마술병 뚜껑이 열려서 모두 섞여 버렸지 뭐야?
병에 쓰여 있는 이름대로 마술 약들을 넣어 줘야만 해. 마술 약을 화살표로 병 입구까지
그려 주면 저절로 들어간대.

규칙 '물에 녹는 것', '물에 녹지 않는 것'에 해당하는 5개의 마술 약을 각각 넣어 줄 것!

주의사항 만약 마술 약을 3개 이상 잘못 넣으면 병이 깨진다. 으악!

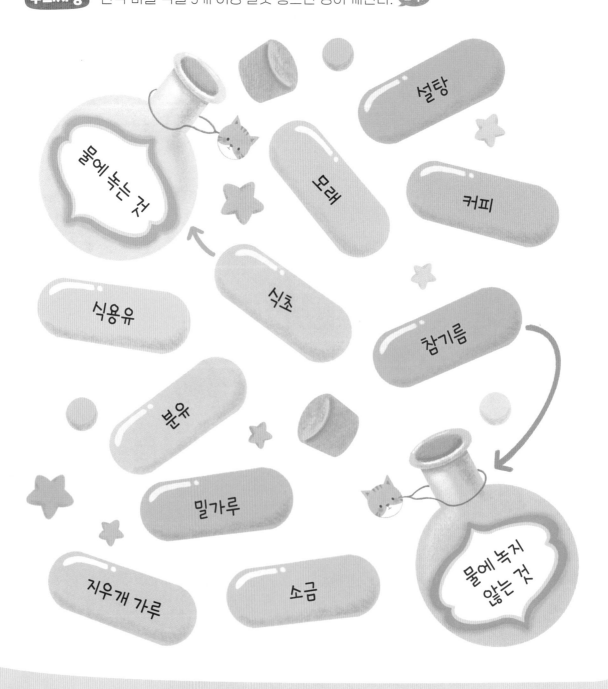

문장 부호를 찾아라!

꽁냥이가 뒤죽박죽 마법 책을 보고 있네. 글을 쓸 때 '문장 부호'를 붙이면 문장의 뜻을 이해하기 훨씬 쉽지. 문장부호에 대한 설명을 잘 보고, 아래 글의 노란색 칸에 문장 부호를 써 보자!

쉼표 `,`
부르는 말이나 대답하는 말 뒤에 쓴다.

느낌표 `!`
느낌을 나타내는 문장 끝에 쓴다.

마침표 `.`
설명하는 문장 끝에 쓴다.

작은 따옴표 `' '`
인물이 마음속으로 한 말을 적을 때 쓴다.

물음표 `?`
묻는 문장 끝에 쓴다.

큰 따옴표 `" "`
인물이 소리 내어 한 말을 적을 때 쓴다.

화	단	에		꽃	이		많	이		피	었	어	요		
꽃	이		참		예	쁘	구	나							
어	떤		꽃	이		피	었	을	까						
장	미		나	리		접	시	꽃	이		피	었	어	요	
	기	쁨	아		너	는		어	떤		꽃	이		좋	아
하	고		물	었	어	요									
	나	는		나	리	꽃	이		제	일		예	뻐		
나	는			이		말	을		듣	고		다	른		꽃	들	이
기	분		나	쁘	지		않	을	까				하	고		생	각
했	지	요													

세상에 이런 옷이?

언어대장, 나는 더울 때는 속옷만 입고, 조금 추워지면 이불을 뒤집어쓰고 있는 것을 제일
좋아해. 이런 내 생각을 고칠 수 있도록 근사한 옷을 디자인해 줘.

🦇 옷은 몸을 보호하는 역할을 하지요. 머리에서 발끝까지 주제에 맞게
디자인해 보세요.

세상에서 제일 시원한 옷

🌟 시원하도록 신경 쓴 부분은?

_____

_____

세상에서 제일 따뜻한 옷

🌟 따뜻하도록 신경 쓴 부분은?

_____

_____

76

어떤 옷은 특별한 역할이 있어요. 소방수의 화염복이나 스파이더맨의 옷처럼 말이에요.
여러분이 디자인한 옷에는 어떤 기능이 있는지, 누가 입으면 좋을지 그리고 써 보세요.

_____의 옷

_____의 옷

🌸 어떤 기능이 있어?
_____

🌸 이 옷은 누구에게 필요할까?
_____

나는 뒤집어쓰면 보이지
않는 투명 망토를 만들어
생선가게에 당당하게
들어갈거다냥.

🌸 어떤 기능이 있어?
_____

🌸 이 옷은 누구에게 필요할까?
_____

언어대장이 디자인한 옷들을 사람들이 사고 싶어 한다면,
이번 미션 성공이야. **아롱다롱 마법카드** 획득!

마법카드

77

달팽이의 등껍질을 돌리고, 돌리고!

언어대장, '꽁지 따기 말놀이'를 알아? '꽁지 따기 말놀이'란 비슷한 것을 떠올리며 말을 이어 가는 놀이야. 예를 들면 '원숭이 엉덩이는 빨개 ➡ 빨가면 사과 ➡ 사과는 맛있어 ➡ 맛있으면 ….' 이렇게 말이야.

🦇 달팽이의 등껍질을 돌려가며 꽁지 따기 말놀이를 해 보세요.

몽림은 '더워', ➡ 더우면

언어대장, 달팽이의 등껍질이 꽉 차게 꽁지 따기 말놀이로 연결했어?
잘했어! 그렇다면 성공. **말랑말랑 마법카드** 획득!

과일 이름 낚시

꽁냥이가 신나게 낚시를 하고 있네. 물방울에 있는 글자를 골아 주제에 해당하는 낱말이 되면 물고기에 쓰면 돼. 물고기는 모두 10마리야.

규칙 '과일' 이름을 생각하며 물방울 속 글자에 표시하고, 물고기에 낱말을 쓸 것.

주의사항 만약 물고기를 7마리 이상 잡지 못하면 물방울들이 모두 하나가 되어 우리를 공격한다. 살려줘!

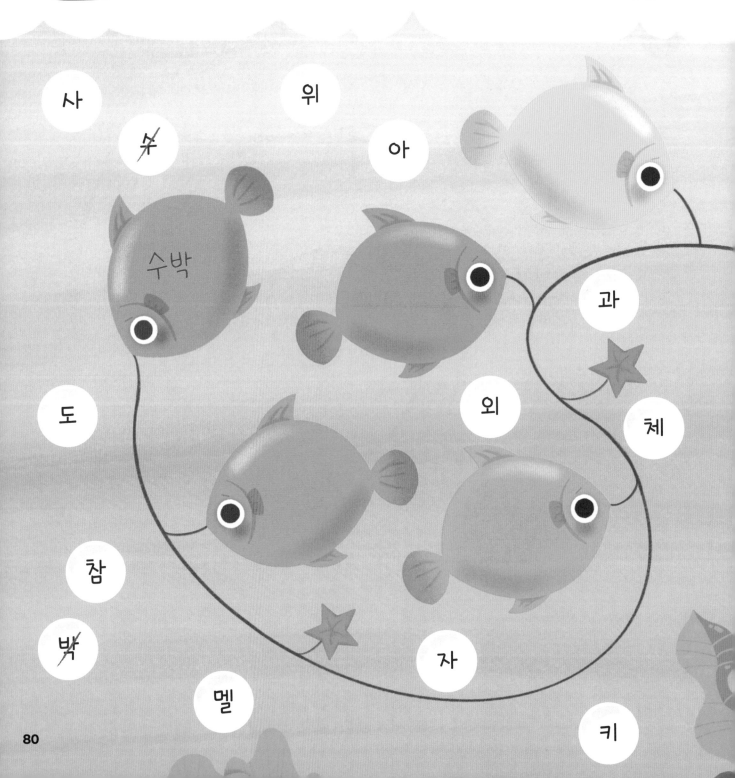

80

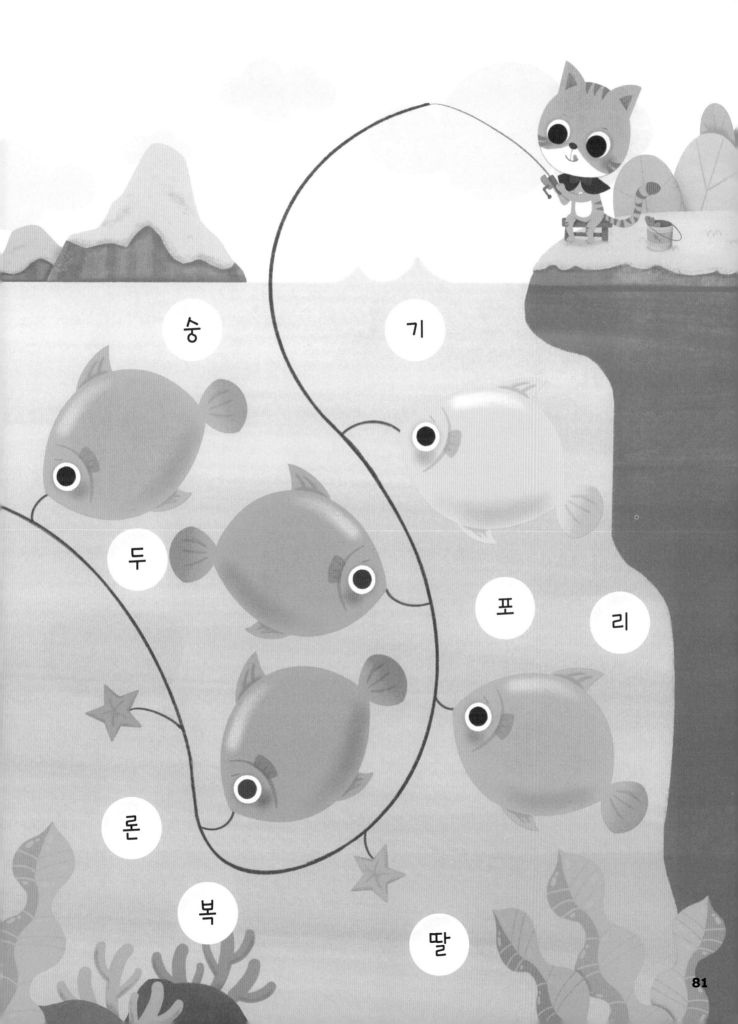

상냥한 내 입아, 너를 칭찬한다!

05
로닥토닥 칭찬하는 밤

언어대장, 이 방을 통과하는 비밀 열쇠는 '칭찬의 말'이야. 이번에는 맛있는 음식을 먹어서 몸을 지킬 뿐 아니라, 상냥한 말을 하는 내 입을 칭찬해 보자!

🦇 거울에 비친 내 얼굴을 자세히 살펴보세요. 그리고 눈, 코, 귀는 물론 머리카락과 얼굴에 있는 작은 점, 눈썹, 보조개까지 자세히 그려 보세요. 마지막으로 활짝 웃고 있는 예쁜 입도 그려 주세요.

샛별 같은 내 눈은 엄마를 닮았고, 코도 입도 좌우지간 어디 한군데 안 예쁜 데가 없는 꽁냥이당!

🌟 내 눈은 누굴 닮았어? _____ 무슨 모양이야? _____

🌟 내 코는 누굴 닮았어? _____ 무슨 모양이야? _____

🌟 내 입은 누굴 닮았어? _____ 웃는 입은 무슨 모양이야? _____

🌟 이렇게 자세히 들여다보고 그리니 어떤 느낌이 들어? _____
_____

자, 이번에는 내 입에서 나오는 정겹고 아름다운 말을 가득 적어 보세요.

괜찮아

또 만나!

정말 고운 내 입이지? 앞으로도 상냥하고 예쁜 말을 많이 하겠다고 약속! 약속을 잘 지킬 거라 믿고 이번 미션도 성공. **토닥토닥 마법카드**도 획득!

네모별 이야기!

우주 끝 저 너머에 '네모별'이 있대. 거긴 꽃도, 구름도 네모이고, 사람도, 동물도 네모래.
대체 어떤 곳일까? 언어대장이 알려줘!

🦇 네모별에 살고 있는 친구 '네모네모'의 집안 모습을 상상해서 그려 보세요.

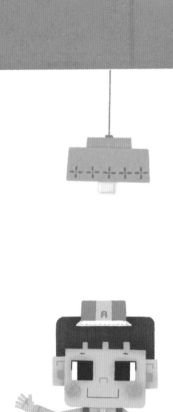

여긴 네모별의 네모난 집
이야. 네모강아지, 네모식
탁, 네모밥그릇… 또 뭐가
있을까냥?

네모네모가 자주 가는 공원의 모습을 상상해서 그려 보세요.

🌸 내가 만약 네모별에 살게 된다면,

좋은 점은 _____ 이고,

나쁜 점은 _____ 일 것 같아.

그래서 나는 네모별에서 _____ 할 거야.

이 넓은 우주에는 또 어떤 색다른 모습의 별들이 있을까 하는
궁금증이 생긴다면 이번 미션 성공. **꼼질꼼질 마법카드** 획득!

마법카드

낱말 블록 쌓기

꽁냥이가 열심히 낱말 블록을 쌓고 있네. 뜻풀이가 적힌 쪽지와 낱말 블록을 같은 색으로 칠해 보자. 블록도 쌓고 낱말도 익히자.

규칙 쪽지와 낱말 블록의 색깔을 잘 맞출 것!

주의사항 만약 색깔이 틀린 게 3개 이상이면 쌓아 놓은 블록이 와르르 무너진다. **맙소사!**

친구

동녘

부호

연습

실천

용궁

소나기

바다 속에 있는 용왕의 궁전.

가깝게 오래 사귄 사람.

갑자기 세차게 쏟아지다가 곧 그치는 비.

동쪽과 같은 말.

생각한 것을 실제로 하는 것.

실제로 하는 것처럼 하면서 익힘.

일정한 뜻을 나타내기 위해 만든 기호.

맞춤법이 식은 죽 먹기

꽁냥이가 맞춤법은 이제 식은 죽 먹기라고 말했지만 아래 문장들을 보더니 고개를 갸우뚱거리네.
언어대장이 잘 보고, 맞는 낱말을 찾아 〇표 해주자. 자신 있지? 물론 좀 틀려도 괜찮아.
지금 배우면 되니까!

❶ [햇님] (해님) 이 쨍쨍 비치는 날이에요.

❷ 온 가족이 [바닷가] [바다가] 에 놀러 왔어요.

❸ 강아지가 뛰어다니며 제일 [조아해요] [좋아해요] .

❹ 엄마가 예쁜 [꽃무니] [꽃무늬] 수영복도 사 주셨어요.

❺ [커다란] [크다란] 튜브를 타니 몸이 둥둥 뜨네요.

❻ 동생이랑 모래성 높이 [쌓기] [쌌기] 시합도 했어요.

❼ 바닷가에서 [조개껍대기] [조개껍데기] 도 주웠지요.

❽ 가만히 귀에 [대면] [데면] 파도 소리가 들려요.

❾ 밤에는 반짝이는 별이 [쏟아질] [쏟아질] 것 같아요.

❿ 하지만 왱왱거리는 모기는 너무 [시러요] [싫어요] .

숫자 맞춰 모여라!

언어대장, 한글은 배우면 배울수록 더 재미난 것 같아.
오늘은 글자 수가 같은 낱말을 모으는 게임을 하자.

🦇 팻말을 보고 글자 수에 맞는 동물을 떠올려 그 이름을 적고 그림을 그려 보세요.

한 글자 모여라!

양

두 글자 모여라!

토끼

세 글자 모여라!

난 '고양이'니까 그냥 세 글자 속에 들어가야겠다냥.

고양이

네 글자 모여라!

고슴도치

글자 수에 맞는 동물들이 사이좋게 모여 있네. 우리들의 언어 실력이 날로 쑥쑥 커 가는 것을 기뻐하며 이번 게임도 성공. **새록새록 마법카드**도 획득!

다른 그림을 찾아라!

언어대장, 오늘은 나와 다른 그림 찾기를 해 보자. 양쪽 사진이 똑같아 보인다고?
아냐, 다른 곳이 있어. 눈 크게 뜨고 찾아 봐!

🦇 왼쪽과 오른쪽의 그림에서 다른 부분을 찾아 보세요.

다른 그림 찾기는 정말 재미있지? 다른 곳 다섯 군데 이상 찾았다면
이번 미션 성공. **쉬엄쉬엄 마법카드** 획득!

91

숫자 징검다리 건너기

꽁냥이는 물을 아주 싫어해. 그런데 물과 친해지고, 한글 공부도 하라며 꽁꽁마녀가 징검다리가 놓인 개울 놀이터를 만들었지 뭐야? 언어대장이 맞춤법이 맞는 둘 중 한 개의 돌에만 색칠을 해줘. 그걸 따라서 꽁냥이가 개울을 잘 건널 수 있도록 말이야.

규칙

'숫자'가 바르게 쓰인 돌만 색칠해서 징검다리를 만들 것.

주의사항

틀린 글자를 밟으면 꽁냥이가 물에 빠지며 그로 인한 스트레스로 성격이 포악해질 수 있다. 안 돼!

십-얼

십-열

오십-쉬은

오십-쉰

육십-에순

육십-예순

칠십-일은

칠십-일흔

모기 주둥이에서 주사기를?

언어대장, 여름밤엔 모기가 우리를 괴롭히지. 그런데 모기의 빨대 모양
주둥이에서 힌트를 얻어 '주사기'가 만들어졌다는 사실을 알고 있어?
이번에는 우리가 직접 신기한 발명품을 만들어 보자!

우리가 사용하는 물건 중에는 자연에서 힌트를 얻어 만든 것이 많이 있어요.
그림을 보고 어떤 발명품이 탄생했는지 그려 보세요.

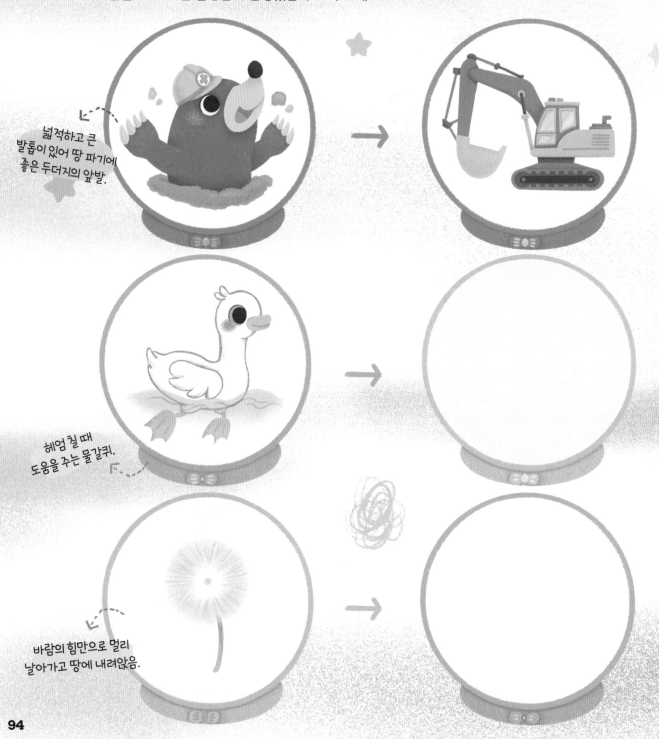

넓적하고 큰
발톱이 있어 땅 파기에
좋은 두더지의 앞발.

헤엄칠 때
도움을 주는 물갈퀴.

바람의 힘만으로 멀리
날아가고 땅에 내려앉음.

🦇 우리 주위를 잘 살펴보고 자연을 닮은 물건을 발명해 보세요.

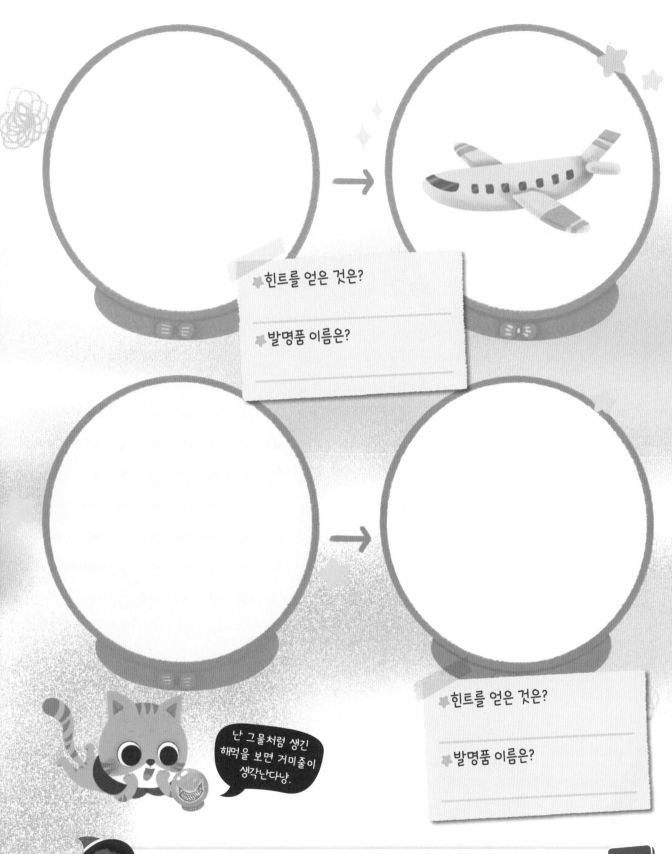

★힌트를 얻은 것은?

_____

★발명품 이름은?

_____

난 그물처럼 생긴 해먹을 보면 거미줄이 생각난다냥.

★힌트를 얻은 것은?

_____

★발명품 이름은?

_____

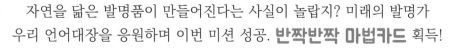

자연을 닮은 발명품이 만들어진다는 사실이 놀랍지? 미래의 발명가 우리 언어대장을 응원하며 이번 미션 성공. **반짝반짝 마법카드** 획득!

바꿔, 바꿔, 모든 걸 다 바꿔!

언어대장, 이번에는 '바꾸기' 놀이를 해 보자! 옛날부터 내려오는 '성풀이'가 있거든.
여기서 '성'은 '김 씨, 이 씨, 박 씨' 같은 우리 이름의 성을 말하는 거야.

🦇 여러 가지 성씨에 따라 어울리는 말을 넣어 바꿔 보세요.

이 서방 이 서방, 일하러 가세

김 서방 김 서방, 김매러 가세

조 서방 조 서방, 조 털러 가세

신 서방 신 서방, 신이나 삼세

배 서방 배 서방, 배 사러 가세

방 서방 방 서방, 방석이나 트세

우 서방 우 서방, 우물이나 파세

오 서방 오 서방, 오이 따러 가세

유 서방 유 서방, 유쾌히 노세

이 서방 이 서방, _____

김 서방 김 서방, _____

조 서방 조 서방, _____

신 서방 신 서방, _____

____ 서방 ____ 서방, _____

____ 서방 ____ 서방, _____

____ 서방 ____ 서방, _____

____ 서방 ____ 서방, _____

____ 서방 ____ 서방, _____

🦇 아래 노래 가사에서 '도깨비'를 동물 이름으로 바꾸거나. '팬티'가 아닌 치마나 모자 같은 것으로 바꿔서 노래를 만들어 보세요.

도깨비 팬티는 튼튼해요

질기고도 튼튼해요

호랑이 가죽으로 만들었어요

이천 년 입어도 까딱없어요

도깨비 팬티는 더러워요

냄새나요 더러워요

호랑이 가죽으로 만들었어요

이천 년 동안이나 안 빨았어요

깔깔깔, 정말 재미있지? 앞뒤를 잘 생각해서 멋지게 완성했으리라 믿으며
이번 미션 성공. **신통방통 마법카드** 획득!

97

고양이 십자말풀이

꽁냥이가 끙끙거리며 십자말풀이를 하고 있네. '십자말풀이'는 바둑판 같은 바탕에 가로와 세로에 있는 문제의 답을 써 보는 낱말 퀴즈야. 답을 쓴 후 재빨리 '고양이'를 외쳐야 해.

규칙 가로, 세로 각각 4개의 답을 모두 쓴 후 '고양이'를 외칠 것.

주의사항 만약 '고양이'를 외치지 못하면 1시간 동안 말을 할 수 없게 된다. **답답해!**

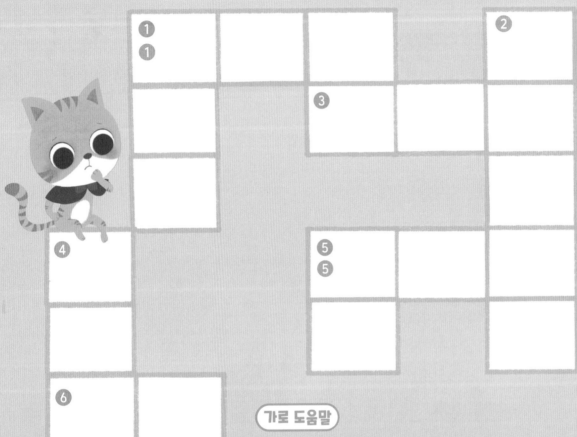

가로 도움말

1. 여름에 피는 꽃으로 나팔 모양을 닮음.
3. 사이가 좋지 않을 때 개와 ○○○ 사이 같다고 함. 꽁냥이는 무슨 동물?
5. 병균이나 먼지를 막기 위해 입과 코를 가리는 물건.
6. 우리나라와 가까우며 크게 4개의 섬으로 이루어진 나라.

세로 도움말

1. 나무의 잎.
2. 우유, 달걀, 설탕 등을 넣어 크림 상태로 얼린 것.
4. 토요일 다음 날이며, 월요일 전날.
5. 『단군신화』에서 곰이 먹고 여자가 된 매운 맛 식재료.

신체 표현 퀴즈를 풀어라!

꽁냥이의 실타래가 엉켜 버렸네. 하지만 내용에 맞게 잘 연결해 주면 금방 풀린대.
더 심하게 엉키기 전에 얼른 풀어 주자!

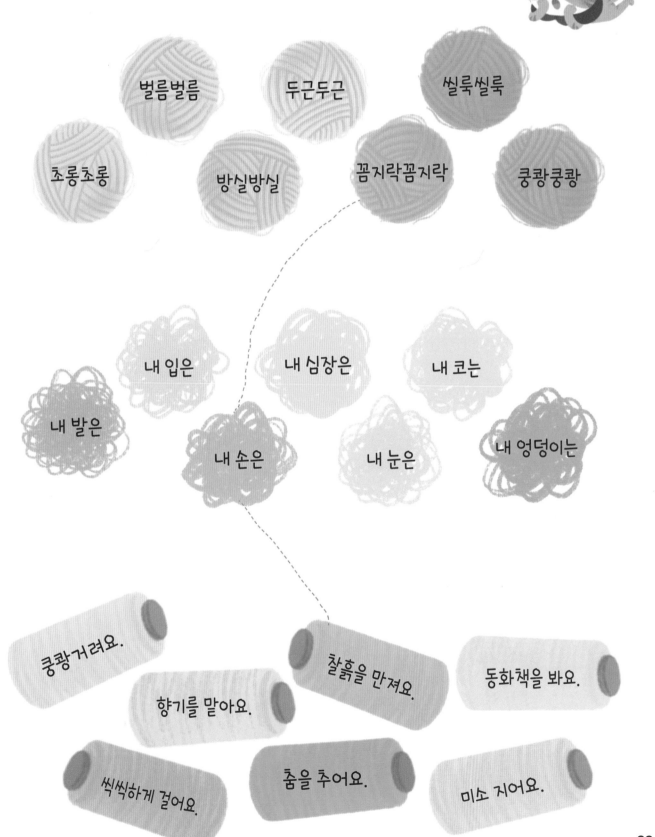

벌름벌름

두근두근

씰룩씰룩

초롱초롱

방실방실

꼼지락꼼지락

쿵쾅쿵쾅

내 입은

내 심장은

내 코는

내 발은

내 손은

내 눈은

내 엉덩이는

쿵쾅거려요.

향기를 맡아요.

찰흙을 만져요.

동화책을 봐요.

씩씩하게 걸어요.

춤을 추어요.

미소 지어요.

슈바이처에게 물어보자!

난 위인들의 이야기 읽는 것을 아주 좋아해. 얼마 전 읽은
슈바이처의 이야기는 정말 감동적이었어. 같이 읽어볼까?

언어대장이 슈바이처 박사님을 직접 만나 궁금한 걸 물어본다면 뭐라고 대답해 주셨을까
생각하고 써 보세요.

슈바이처는 프랑스 사람이있는데 아프리카에서는 의사가 없어서 환자들이 치료를
받지 못한다는 사실을 알고는 뒤늦게 의사 공부를 했어요. 세월이 흘러 슈바이처는
의사가 되었고, 부인은 간호사가 되어 아프리카로 떠났지요. 처음 아프리카에 도착
했을 때 병원은커녕 진료할 장소조차 없어서 '닭장'에서 치료를 시작했어요. 닭들이
살고 있어 지저분했지만 깨끗이 청소하고, 선반을 만들었으며 커다란 잎사귀로 지붕
을 얹어 손수 만들었어요.

"닭장이면 어떻소? 이제 여기서 치료받는 환자들의 병도 금방 다 나을 거요. 너무
행복해요."

"오강가, 오강가! 얼른 낫게 해 주세요."

'오강가'는 원주민의 말로 '요술쟁이'라는 뜻이에요. 그들은 슈바이처가 자신들의
병을 치료해 주니 요술쟁이 같다고 해서 그렇게 불렀지요. 이처럼 슈바이처는
아프리카 사람들을 환자가 아닌 친구로 생각하며 죽을 때까지 그 곳에서 그
들과 함께 살았답니다.

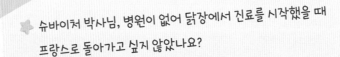

🌸 슈바이처 박사님, 병원이 없어 닭장에서 진료를 시작했을 때
   프랑스로 돌아가고 싶지 않았나요?

_____

🌸 슈바이처 박사님, '오강가'라고 불리면 어떤 기분이 들었나요?

_____

🌸 슈바이처 박사님 '의사'라는 직업의 매력은 무엇인가요?

_____

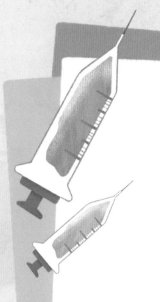

🦇 슈바이처 박사님처럼 의사가 된 내 모습을 그려 보세요.

🔹 언어대장, 병원에는 여러 과(내과, 안과 등)가 있는데 그 중에서 어떤 의사가 되고 싶어?

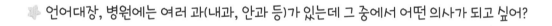

🔹 왜 그 과(진료과목)를 선택했지?

🔹 의사가 되기 위해선 지금부터 어떤 노력을 해야 할까?

이를 한 번만 닦아도 평생 썩지 않게 해 주는 치과 의사가 되고 싶다냥.

의사라는 직업도 아주 멋지지! 훌륭한 의사도 될 수 있는 언어대장을
응원하면서 이번 방도 통과! **무럭무럭 마법카드** 획득!

궁금하다, 궁금해!

이곳 마을에 새로운 동물이 태어났대! 하마 엄마와 나무늘보 아빠 사이에서 태어난 '하늘이'야. 하늘이는 어떤 모습일까? 궁금하다, 궁금해!

🦇 하늘이의 모습을 상상해서 그려 보세요. 또 자기가 생각한 동물을 합해 새로운 동물을 그려 보세요.

나무늘보

하마

이름: 하 늘 이

공작새

돼지

이름:

새

기린

새로 태어난 동물 중에 가장 마음에 드는 동물은?

어디서 키우는 것이 좋을까요?

어떤 먹이를 먹을까요?

이름:

난 커다란 덩치에 착한 눈을 가진 판다랑 사랑에 빠지고 싶다냥!

이름:

역시, 사랑은 위대해. 이렇게 아름다운 동물이 태어났잖아?
이번 미션도 성공. **키득키득 마법카드** 획득!

마법카드

가족의 중요성 속담 퍼즐

꽁냥이가 갸우뚱거리며 속담 퍼즐을 맞추고 있네.
속담의 뜻을 생각하며 퍼즐을 연결한 후 퍼즐에 색을 칠하고 바르게 써 보자.

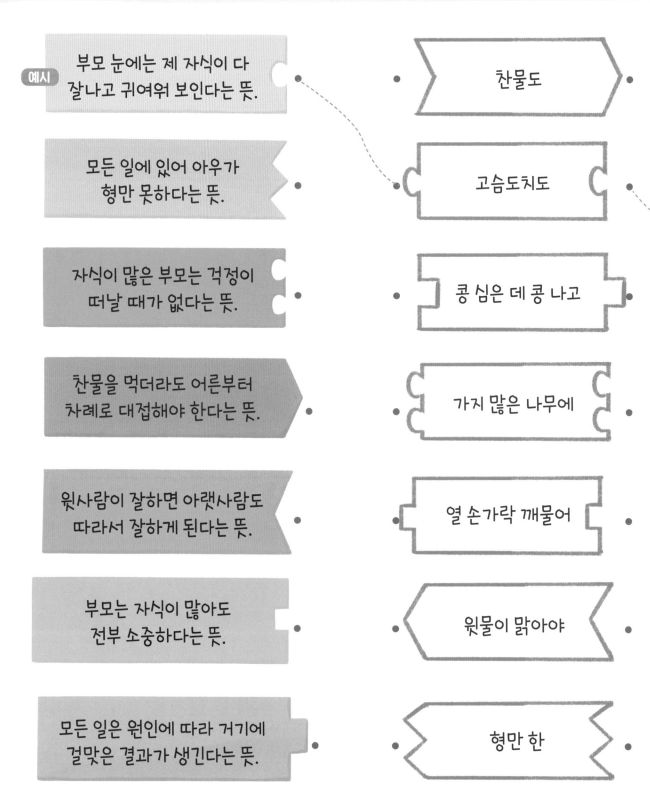

예시 부모 눈에는 제 자식이 다 잘나고 귀여워 보인다는 뜻.

모든 일에 있어 아우가 형만 못하다는 뜻.

자식이 많은 부모는 걱정이 떠날 때가 없다는 뜻.

찬물을 먹더라도 어른부터 차례로 대접해야 한다는 뜻.

윗사람이 잘하면 아랫사람도 따라서 잘하게 된다는 뜻.

부모는 자식이 많아도 전부 소중하다는 뜻.

모든 일은 원인에 따라 거기에 걸맞은 결과가 생긴다는 뜻.

찬물도

고슴도치도

콩 심은 데 콩 나고

가지 많은 나무에

열 손가락 깨물어

윗물이 맑아야

형만 한

규칙 왼쪽, 오른쪽 퍼즐 모양을 잘 맞출 것!

주의사항 마지막 칸에 속담을 바르게 쓰지 않으면 퍼즐이 다시 흩어진다. 아이쿠!

❋ 속담 바르게 써 보기 ❋

바람 잘 날 없다

아랫물도 맑다

제 새끼는
함함하다고 한다

고슴도치도 제 새끼는
함함하다고 한다

아우 없다

안 아픈
손가락이 없다

팥 심은 데 팥 난다

위아래가 있다

나로 말할 것 같으면…

언어대장, 나는 꽁냥이와 둘이 살아서 외로울 때도 있는데 너는 가족이 많니?
가족이 많으면 즐거운 일도 힘든 일도 다양하게 벌어지겠지?

🦇 가족의 호칭을 알아보고, 우리 가족의 이름을 써 보세요.

✦ 나로 말할 것 같으면

아버지 ＿＿＿＿＿＿ 와 어머니 ＿＿＿＿＿＿ 의 자녀이다.

✦ 또 나로 말할 것 같으면

할아버지 ＿＿＿＿＿＿ 와 할머니 ＿＿＿＿＿＿ 의 손주이기도 하고,

✦ 나로 말할 것 같으면

외할아버지 ＿＿＿＿＿＿ 와 외할머니 ＿＿＿＿＿＿ 의 손주이다.

현재 나는 _____ 와 살고 있다.

가족 중에서 내가 가장 존경하는 사람은 _____ 이고,

나를 가장 자랑스럽게 생각할 것 같은 사람은 _____ 이다.

가족이 모이니 시끌벅적하고 보기 좋네! 그래도 난 우리 마녀님만 있으면 된다냥!

가족이 있어 정말 든든하지? 사랑하는 가족이 있어 이번 미션도 성공.
도란도란 마법카드 획득!

다섯 고개를 넘어가 볼까요?

언어대장, 다섯 고개 놀이를 하자. 다섯 고개 놀이를 하려면 질문하는 사람과 대답하는 사람을 먼저 정해야 해. 대답하는 사람이 정답을 마음속으로 정하면, 질문하는 사람이 다섯 번 물어보고 그에 대한 답을 들으면서 문제의 정답을 맞히는 놀이야.

🦇 아래 질문과 대답을 보고 생각나는 것을 빈 칸에 써 보세요.

고개	질문	대답	생각나는 것
☝	동물인가요?	아니요, 식물입니다.	나무, _____
✌	먹을 수 있나요?	예, 열매를 먹을 수 있어요.	오이, _____
🖖	보통 여름에 먹나요?	예, 여름에 많이 먹어요.	참외, _____
🖐	크기가 주먹만 한가요?	아니요, 보통 축구공만해요.	호박, _____
🖐	껍질이 노란색인가요?	아니요, 껍질은 초록색입니다.	_____
정답은 _____ 입니다.		예, 맞습니다.	

🦇 아래 질문과 대답을 보고 정답을 써 보세요.

고개	질문	대답
☝	살아 있나요?	아니요, 생물이 아닙니다.
✌	우리에게 필요한 물건인가요?	예, 우리에게 필요한 물건입니다.
🖖	움직이려면 전기가 필요한가요?	아니요, 필요하지 않습니다.
🖐	여름에 쓰는 물건인가요?	예, 더울 때 쓰는 물건입니다.
🖐	팔로 흔드는 물건인가요?	예, 팔로 흔드는 물건입니다.
정답은 _____ 입니다.		예, 맞습니다.

🦇 아래 '해바라기'를 마음속으로 정했을 때 질문에 알맞은 대답을 해 보세요.

고개	질문	대답
	동물인가요?	아니요, ＿＿＿＿＿＿＿＿＿입니다.
	꽃인가요?	＿＿＿＿＿＿＿＿＿＿＿＿＿
	가시가 있나요?	＿＿＿＿＿＿＿＿＿＿＿＿＿
	노란색인가요?	＿＿＿＿＿＿＿＿＿＿＿＿＿
	이름이 네 글자인가요?	＿＿＿＿＿＿＿＿＿＿＿＿＿
정답은 '해바라기'입니다.		예, 맞습니다.

🦇 아래 대답에 맞는 질문을 해 보세요.

고개	질문	대답
	식물인가요?	아니요, 동물입니다.
	＿＿＿＿＿＿＿＿＿＿＿	아니요, 땅에서 삽니다.
	＿＿＿＿＿＿＿＿＿＿＿	예, 날개가 있습니다.
	＿＿＿＿＿＿＿＿＿＿＿	아니요, 다리가 여섯 개입니다.
	＿＿＿＿＿＿＿＿＿＿＿	예, 세 글자입니다.
정답은 ＿＿＿＿＿＿입니다.		예, 맞습니다.

나랑 하자, 다섯 고개 놀이!
육식동물입니다. 높은 곳에서
뛰어내리는 것을 좋아합니다.
호기심이 많습니다. 얼굴은 침을 묻혀
닦습니다. 똑똑하고 예쁩니다.
맞아, 정답은 공냥이다냥!

다섯 고개 놀이는 답을 찾아가는 과정이 정말 흥미로워!
이번 미션도 성공. **알쏭달쏭 마법카드** 획득!

꽁냥이의 편지 쓰기

꽁냥이의 편지야. 그런데 맞춤법을 많이 틀렸네. 그냥 보내면 창피하니까
언어대장이 틀린 부분을 고쳐 주자!

보고 십은 낸시에게
(   )

나의 단짝 칭구 낸시야, 안녕? 나 꽁냥이야.
(   )

네가 멀리 이사 간 지 벌써 스믈여덜 밤이나 지났구나.
(   )

우리가 처음 만낫을 때 기억나니?
(   )

내가 너의 하야코 긴 털과 파라코 동그란 눈이 부럽다고 했더니
(   ) (   )

너는 오히려 나의 까만 털이 메력적이라고 말해 줬지!
(   )

가이바이보 게임에서 나를 늘 이겨도 뭐든 양보해 준 착한 낸시,
(   )

빨간색 리본이 잘 어울리는 이쁜 낸시. 정말 보고 십다!
(   )   (   )

나 없이 잘 지내는지 궁그마다. 네가 없어서 난 너무 심시매.
(   )   (   )

우리 다음에는 해님이 반짝이는 날, 낙시터에서 만나자!
(   )

그럼 안녕. 다시 만날 떼까지 잘 지내!
(   )

🐱 낸시를 몹시 그리워하는 꽁냥이가

문장 만들기가 식은 죽 먹기

꽁냥이가 '쓰기 놀이터'는 자기만 글씨를 많이 써서 팔이 아프다며 투덜거리고 있네. 꽁냥이가 쓴 문장을 보고 언어대장은 더 멋지게 문장을 완성하는 거야. 문장 만들기는 정말 식은 죽 먹기!

나는 그림 그리기를 좋아합니다.

나는 높이뛰기를 잘합니다.

나는 토마토를 싫어합니다.

나는 꽁꽁마녀님을 사랑합니다.

뜨거운 태양이 필요해요!

언어대장, 드디어 마지막 방에 도착했구나! 지금부터 너희 세상에 '여름'이 왜 꼭 필요한지 나를 설득해 보렴!

🦇 '여름' 하면 떠오르는 것을 자유롭게 적어 보세요.

장마

날씨

여름

물놀이

곤충

모기

왜 여름이 필요할까?

✒️ '여름'을 주제로 동시를 지어 보고, 여름에 하는 신나는 놀이도 그려 보세요.

여름은 정말 신나! 네가 지은 동시도 마음에 들고.
두근두근 마법카드까지 획득!

여름 요정을 인간 세상으로 보내요!

축하한다, 언어대장! 이제 열다섯 장의 마법카드를 모았으니, '열려라, 뚝딱 열쇠'를 얻을 수 있어. 이제 여름 요정을 풀어 줄게! 이제 가을 요정이 있는 3층에서 만나자.

여름 요정님, 가지 마세요. 같이 튜브타고 수영하자냥!

'깜짝이야 망원경'으로 세상 보기

언어대장은 꽁꽁마녀가 깊이 잠든 틈을 타서 살금살금 옥상으로 올라왔어. 그리고는 무엇을 볼까 잠시 생각한 뒤, "깜짝이야 망원경아, 은하수 저 멀리에 있는 별들을 보여줘!"라고 속삭였지. 망원경을 들여다보던 언어대장은 "우와!" 하고 함성을 질렀어. 과연 언어대장의 눈에는 어떤 세상이 펼쳐졌을까 상상하며 그려 보자!

봄 요정을 구하라!

1번째 방

지도TIP 아이들의 상상력은 무한합니다. 어떤 요리 재료를 써도 상관없으니, 독특한 재료에서는 어떤 맛이 날까 물어보며 이야기를 들어보세요. 주방에서 나는 소리를 쓰다가 막히면 "오이를 썰 때는?", "음식이 끓을 때는?", "숟가락을 식탁에 놓을 때는?"과 같이 상황에 대한 힌트를 주세요.

★ **맛을 표현하는 낱말**: 달다(달콤하다, 달달하다, 달짝지근하다 등), 짜다(짭짤하다, 간간하다, 건건하다 등), 시다(새콤하다, 시큼하다 등), 맵다(매콤하다, 칼칼하다, 얼큰하다, 알싸하다 등), 떫다(떫떠름하다, 떠름하다 등), 싱겁다(밍밍하다, 삼삼하다 등), 비리다, 시원하다, 고소하다, 느끼하다, 구수하다 등

★ **주방에서 나는 소리를 표현하는 낱말**: 지글지글, 보글보글, 부글부글, 똑딱똑딱, 아삭아삭, 어석어석, 쨍그랑, 달그락달그락, 꼴깍, 꿀꺽, 냠냠, 짭짭, 등

2번째 방

지도TIP 어휘력을 향상하는데 아이들의 눈높이에 맞춘 '말놀이'는 정말 훌륭한 활동입니다. 그중 '끝말잇기'는 아이들이 제일 재미있게 할 수 있는 말놀이로, 이동할 때, 기다릴 때처럼 자투리 시간이 날 때마다 어른과 함께 주고받으며 끝말잇기를 해 보세요.

★ '언어대장' → 장미 → 미소 → 소리 → 리어카 → 카센터 → 터널 → 널뛰기 → 기차 → 차선 → 선물 → 물감 → 감나무 → 무용 → 용돈 → 돈가스 → 스키 → 키위 → …

꽁냥이의 마술 놀이터 1
● **여자**: 소녀, 딸, 각시, 숙녀, 아주머니
● **남자**: 소년, 아들, 신랑, 신사, 아저씨

꽁냥이의 마술 놀이터 2
⊛ 밥-진지 / 말-말씀 / 나이-연세 / 이름-성함 /
생일-생신 / 묻다-여쭈다 / 자다-주무시다 /
먹다-잡수시다 / 아프다-편찮으시다

3번째 방

지도TIP 아이들의 활동 결과물(공예, 글쓰기 등)을 보고 아무 근거 없이 무조건 칭찬하기보다는 아이들이 한 결과물 자체를 그대로 말해 주는 것이 더 중요합니다. 즉, "빨간 꽃을 그렸구나.", "오늘은 종이에 꽉 차게 그렸네.", "무서운 사자를 표현했구나."와 같이 말입니다.

4번째 방

지도TIP 명함은 다른 사람에게 자신의 이름과 연락처를 알려주는 것이라는 쓰임새를 설명해 주세요. 여기 '이름 삼행시 짓기'에서 그 사람의 특징을 생각해서 삼행시를 짓는다면 더 특별할 것입니다.

꽁냥이의 낚시 놀이터
● **바다에 사는 동물**: 상어, 고래, 거북, 물개, 수달, 해마, 새우, 낙지, 가오리, 참치

5번째 방

지도TIP 아이들의 '자존감'은 자기 몸을 인정하는 것에서부터 시작하므로 신체 각 부위의 생김새와 역할을 먼저 알도록 합니다. 손을 그려 보는 활동은 손을 종이에 바짝 대고 그려서 너무 커지거나 작아지지 않게 하며 연필을 뾰족하게 깎아 세밀하게 그리게 해 주세요. 생각지 못한 새로운 것을 발견하게 될 것입니다.

6번째 방

지도TIP 아이들에게 다양성을 키워 줌으로써 상상력이 길러지는 것은 물론 사고가 풍요로워지고, 자신의 취향이 생겨나기 시작합니다. 그래서 같은 내용이라도 다양하게 그려 보는 것이 좋아요. 또 '이름 짓기'는 아이들 글쓰기의 시작이며 정점입니다. 그림에 맞는 이름 짓기를 할 수 있도록 살펴봐 주세요.

꽁냥이의 블록 놀이터 1

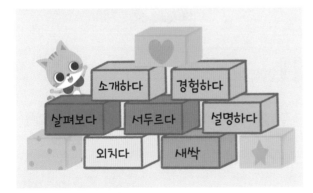

꽁냥이의 블록 놀이터 2

① 나들이 ② 맑아요 ③ 올챙이 ④ 벚꽃 ⑤ 닮은
⑥ 옮기느라 ⑦ 짙어지고 ⑧ 씨앗 ⑨ 숨바꼭질
⑩ 핥아

7번째 방

지도TIP 주어진 형태를 이용한 그리기 활동을 할 때 자신 있게 시작하는 아이들도 있지만 쭈뼛쭈뼛하고 쉽게 연필을 대지 못하는 아이들도 있습니다. 그럴 때는 주변에 있는 사물이 어떤 모양과 비슷한지 먼저 이야기해 보세요. 그렇게 사물과 형태를 연결하는 과정을 거쳐 자연스럽게 한글 자음으로 주제를 이동해 보세요.

★ ㄱ: 가지, 거위, 고구마, 구구단, 기린 등
★ ㄴ: 나비, 너구리, 노루, 누나, 느타리버섯 등
★ ㄷ: 다람쥐, 도미, 둥지, 드라마, 두더지 등
★ ㄹ: 라면, 러시아, 로켓, 루비, 리본 등
★ ㅁ: 마늘, 멍석, 모자, 물, 미역 등
★ ㅂ: 바구니, 버섯, 보석, 부엉이, 비옷 등
★ ㅅ: 사슴, 서울, 소쩍새, 수제비, 시소 등
★ ㅇ: 아기, 어머니, 여우, 우유, 이불 등
★ ㅈ: 자동차, 장미, 정글, 조선, 지우개 등
★ ㅊ: 차도, 칫솔, 초록, 추억, 치약 등
★ ㅋ: 카멜레온, 캥거루, 카레, 쿠키, 키위 등
★ ㅌ: 타조, 탱고, 터키, 투탕카멘, 티베트 등
★ ㅍ: 파랑, 포도, 프랑스, 플라스틱, 피리 등
★ ㅎ: 하마, 호두, 후추, 휴지, 히말라야 등

8번째 방

지도TIP 비슷한 형태의 그림이 너무 많고 복잡해서 찾기 어려울 것 같지만 아이들은 의외로 잘 찾아냅니다. 찾고자 하는 마녀의 특징을 먼저 이야기 나눈 후 찾으면 더 수월합니다. 함께 찾아보세요.

⚫ 기역 → 니은 → 디귿 → 리을 → 미음 → 비읍 → 시옷 → 이응 → 지읒 → 치읓 → 키읔 → 티읕 → 피읖 → 히읗

9번째 방

지도TIP 새로운 것에 대한 정보를 찾을 때 여러 가지 방법이 있지만, 인터넷을 활용하는 것도 좋습니다. 최근에 어떤 로봇이 발명되었는지, 기능은 무엇이고, 어느 나라에서 어떤 사람들의 연구가 앞서 나가고 있는지를 아이들과 함께 찾아보고 이야기한 후 진행하면 더 의미 있는 활동이 될 것입니다.

10번째 방

지도TIP '잰말 놀이'는 '빠른말 놀이'라고도 하는데 빨리 발음하기 어려운 낱말을 골라 만든 문장을 읽는 것이지요. 하다 보면 재미가 있고, 은근히 승부욕도 생겨요. 놀이처럼 자꾸 읽다 보면 정확하게 발음하는 데 도움이 됩니다. 발음하기 어려운 문장도 새롭게 만들며 우리말에 대한 흥미를 느껴 보세요.

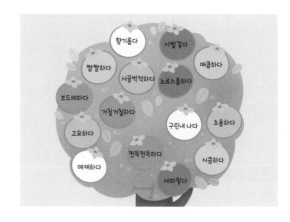

11번째 방

지도TIP 아이들에게 '위인전 읽기'는 그 위인의 위대한 업적에 초점을 맞추는 것보다는 위인의 어린 시절 이야기나 작은 에피소드에 중점을 두고 이야기하는 것이 더 효과적입니다.

12번째 방

지도TIP 아이들의 상상력을 키워주는 활동입니다. '상상력'은 막연하게 생각을 많이 하거나 또는 백지 같은 상태에서 키워지는 것이 아니라 기존에 내가 알고 있는 것을 새롭게 해석하는 것에서 시작합니다. 그러므로 실제 동물들의 빠르기를 알고, 바뀐 상황에 따라 어떤 결과가 나올지 유추하고 그 이유를 적어 보는 활동이 되도록 도와주세요.

꽁냥이의 퍼즐 놀이터

- 말을 잘하면 어려운 일도 잘 해결될 수 있다는 뜻. → 말 한마디에 → 천 냥 빚도 갚는다
- 내가 먼저 남에게 잘해 주어야 남도 나에게 잘해 준다는 뜻. → 가는 말이 고와야 → 오는 말이 곱다
- 소문은 빨리, 멀리 전달되니 말조심을 하라는 뜻. → 발 없는 말이 → 천리 간다
- 비밀스럽게 하는 말도 새어 나가기 쉬우니 말조심을 하라는 뜻. → 낮말은 새가 듣고 → 밤말은 쥐가 듣는다
- 버릇처럼 한 말이나 무심코 한 말이 이루어질 수 있으니 말조심을 하라는 뜻. → 말이 → 씨가 된다
- 남의 잘못을 드러내어 말하는 것은 아주 쉽다는 뜻. → 남의 말 하기는 → 식은 죽 먹기
- 말을 하지 않으면 아무도 모르니 말로 표현하라는 뜻. → 말 안 하면 → 귀신도 모른다

13번째 방

지도TIP 아이들이 작가적 상상력을 발휘할 수 있도록 하는 활동입니다. 아이들이 쓴 내용과 결과는 어떤 형태든 상관없지만 그런 결말이 나오게 된 과정과 이유에 대해서는 설명과 근거를 갖출 수 있도록 유도해 주세요.

14번째 방

지도TIP 수수께끼는 말놀이의 한 활동일 뿐입니다. 그러니 정답은 없습니다. 물론 문제를 내는 사람이 생각한 답은 있으나 그것이 아이들의 대답과 다르더라도 타당한 이유가 있다면 당연히 정답으로 인정해야겠지요.

★ **꽃 이름:** 개나리, 진달래, 장미, 민들레, 해바라기
★ **과일 이름:** 딸기, 포도, 수박, 참외, 복숭아
★ **수수께끼:** 양말, 무지개, 괴물, 이불, 소금, 물감, 빗자루, 주근깨

꽁냥이의 쓰기 놀이터 1

조아한다 → **좋아한다** · 안타 → **않다**

짤르고 → **자르고** · 짤라서 → **잘라서**

만드렀다 → **만들었다** · 기분조케 → **기분 좋게**

조아했다 → **좋아했다** · 덩다라 → **덩달아**

함깨 → **함께** · 손뻑을 → **손뼉을**

처주었다 → **쳐주었다** · 열씨미 → **열심히**

조아하는 → **좋아하는** · 만드러 → **만들어**

가트면 → **같으면** · 조켓다 → **좋겠다**

15번째 방

지도TIP '마인드맵'은 내용 전체를 한눈에 볼 수 있는 지도와 같습니다. 전체와 세부적인 것을 쉽게 확인할 수 있는 것은 물론 정보를 읽고, 분석하고, 체계화하여 이미지화하기 때문에 효과적인 학습 도구입니다. 주제에 맞게 잘 정리해서 쓸 수 있도록 지도해 주세요. 그리고 '동시 쓰기'는 시적 감성과 표현력을 키울 수 있어 언어 교육의 최상위 활동이라 할 수 있습니다. 아이들이 어렵지 않게 접근하고, 성취감을 느낄 수 있도록 많이 격려해 주세요.

여름 요정을 구하라!

1번째 방

지도TIP 아이들이 아이스크림 재료를 생각하며 재미있게 그려 볼 수 있도록 해 주세요. 또 다른 사람을 위해 아이스크림을 만드는 활동은 '배려'에 대해 생각해 보는 것으로, 상대방의 상황과 처지를 먼저 헤아려보도록 합니다.

2번째 방

지도TIP 말놀이를 할 때 어른들은 아이들의 맞춤법에 신경을 쓰는데, 여기에서 맞춤법은 중요한 것이 아니니 자유롭게 써 보도록 하고, 아이들이 글자를 알려달라고 하면 다른 종이에 적어 주는 것이 좋습니다. 맞춤법 때문에 아이들이 스트레스를 받지 않도록 해 주세요.

★ '아'이스크림 → 아기 → 아들 → 아버지 → 아내 → 아저씨 → 아줌마 → 아침 → 아파트 → 아홉 → 아시아 → 아프리카 → 아이디어 → 아르바이트 → 아스팔트 → 아쟁 → 아욱 → 아궁이 → 아지랑이 → …

꽁냥이의 마술 놀이터 1

● **물에 녹는 것**: 설탕, 소금, 식초, 분유, 커피

● **물에 녹지 않는 것**: 식용유, 참기름, 밀가루, 모래, 지우개 가루

꽁냥이의 마술 놀이터 2

화	단	에		꽃	이		많	이		피	었	어	요	.	
꽃	이		참		예	쁘	구	나	!						
어	떤		꽃	이		피	었	을	까	?					
장	미	,		나	리	,		접	시	꽃	이		피	었	어	요	.
"	기	쁨	아	,		너	는		어	떤		꽃	이		좋	아	?	"
하	고		물	었	어	요	.								
"	나	는		나	리	꽃	이		제	일		예	뻐	!	"
나	는		'	이		말	을		듣	고		다	른		꽃	들	이
기	분		나	쁘	지		않	을	까	?	'		하	고		생	각
했	지	요	.												

3번째 방

지도TIP 아이들의 풍부한 상상력으로 자유롭게 표현하도록 충분한 시간을 주세요. 만약 아이들이 비슷한 형태로 그린다면 평소에 사용하지 않았던 재료를 제공해 주세요. 새로운 질감의 재료만으로도 표현이 다채로워집니다.

4번째 방

지도TIP '끝지 따기 말놀이'는 쉬워 보이지만 먼저 사물의 특징을 알아야 하는 것은 물론 상대방과 교대로 이어 갈 경우에는 우선 잘 들어야 한다는 것을 전제로 합니다. 말놀이 활동은 또래끼리도 좋지만, 어른과 주고받으며 이어 갈 때 더 효과적입니다. 아이들과 자주, 많이 놀이해 보세요.

꽁냥이의 낚시 놀이터 1

● **과일 이름**: 수박, 사과, 체리, 딸기, 참외, 포도, 복숭아, 자두, 멜론, 키위

5번째 방

지도TIP 거울을 보며 웃고, 찡그릴 때 눈과 입이 어떻게 변하는지 관찰하며 즐겁게 이야기해 보세요. 또 정겹고 고운 말을 글로 적다가 아이들의 생각이 멈출 때는 힌트를 주면 좋아요. 예를 들어, "친구가 장난감을 빌려줬을 때 뭐라고 말하고 싶어?" 등과 같이 구체적인 상황을 이야기해 주세요.

6번째 방

지도TIP 엉뚱하고 재미난 주제로 그림을 그려 보는 활동입니다. 틀린 것이 없고, 자유로운 생각을 그림으로 표현하기 때문에 아이들의 상상력과 창의력이 커집니다. 다양하고 기발한 주제로 그림은 물론 말과 글로도 표현하도록 해 주세요.

꽁냥이의 블록 놀이터 1

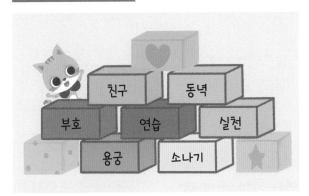

꽁냥이의 블록 놀이터 2

① 해님 ② 바닷가 ③ 좋아해요 ④ 꽃무늬 ⑤ 커다란
⑥ 쌓기 ⑦ 조개껍데기 ⑧ 대면 ⑨ 쏟아질
⑩ 싫어요.

7번째 방

지도TIP 이번 말놀이에서는 '글자 수'가 조건이지만 다른 조건을 하나 더 추가해 보세요. 예를 들면 몸집이 작은 동물 중에서 동물 이름의 글자 수 맞추기, 또는 육식을 먹는 동물 중에서 동물 이름의 글자 수 맞추기 등으로 진행을 해 보고, 아이들이 스스로 조건을 추가할 수 있는 기회도 주세요.

★ **한 글자 낱말:** 양, 곰, 쥐, 벌, 학 등

★ **두 글자 낱말:** 사자, 토끼, 여우, 사슴 등

★ **세 글자 낱말:** 거북이, 지렁이, 코끼리, 호랑이 등

★ **네 글자 낱말:** 미꾸라지, 이구아나, 사슴벌레, 황제펭귄 등

8번째 방

지도TIP 일단 확연히 눈에 띄게 다른 것에 표시를 하고, 그림의 한쪽부터 샅샅이 살펴서 틀린 그림을 찾아봅니다. 다른 그림 찾기는 아이의 집중력과 관찰력을 키우는 데 도움을 줍니다. 아이들과 함께 즐겁게 찾아보세요.

꽁냥이의 개울 놀이터

💮 십-열 → 이십-스물 → 삼십-서른 → 사십-마흔 → 오십-쉰 → 육십-예순 → 칠십-일흔 → 팔십-여든 → 구십-아흔 → 백

9번째 방

지도TIP 우리는 자연에서 많은 것을 얻고 또 배웁니다. 그래서 인간은 자연과 함께 살아가기 위해 자연을 보호해야 하죠. 내가 할 수 있는 자연보호에는 어떤 것이 있는지 이야기 나누어 보세요.

10번째 방

지도TIP '성풀이'에서 '김을 맨다, 조를 턴다' 등의 말은 아이들에게 어려울 수 있으나 예로부터 전해 내려오는 노래이므로 그 뜻을 가볍게 이해할 수 있을 정도로 설명해 주세요. 이처럼 '말풀이'는 '성풀이' 외에도 달, 숫자, 한글 자음 등을 특징에 맞게 풀어 놓은 놀이입니다. 주제에 맞게 만들어진 노랫말이므로 사고력과 어휘력을 키워줍니다. 여러 주제를 가지고 말풀이를 해 보세요.

꽁냥이의 퀴즈 놀이터 1

나	팔	꽃		아
뭇		고	양	이
잎				스
일		마	스	크
요		늘		림
일	본			

꽁냥이의 퀴즈 놀이터 2

💮 꼼지락꼼지락 → 내 손은 → 찰흙을 만져요.

💮 초롱초롱 → 내 눈은 → 동화책을 봐요.

💮 벌름벌름 → 내 코는 → 향기를 맡아요.

💮 방실방실 → 내 입은 → 미소 지어요.

💮 두근두근 → 내 심장은 → 쿵쾅거려요.

💮 씰룩씰룩 → 내 엉덩이는 → 춤을 추어요.

💮 쿵쾅쿵쾅 → 내 발은 → 씩씩하게 걸어요.

11번째 방

지도TIP 위인의 이야기는 직업과 연결해 보면 좋습니다. 위인이 어떤 직업을 어떻게 갖게 되었으며, 어떤 노력을 하였는지 살펴보고, 자신이 그 직업을 갖게 되었을 때를 상상하는 것도 위인전을 읽는 방법 중 하나입니다.

12번째 방

지도TIP 아이들과 다양한 동물을 생각하고, 각기 갖고 있는 특징을 이야기해 봅시다. 동물의 개성이나 이름을 섞어 적절하게 이름도 지을 수 있도록 힌트를 주세요. 특히 이 활동은 정답이 없으므로 아이들이 자유로운 분위기에서 자주 접할 수 있도록 해 주세요.

꽁냥이의 퍼즐 놀이터

💮 부모 눈에는 제 자식이 다 잘나고 귀여워 보인다는 뜻. → 고슴도치도 → 제 새끼는 함함하다고 한다

💮 모든 일에 있어 아우가 형만 못하다는 뜻. → 형만 한 → 아우 없다

💮 부모는 자식이 많아도 전부 소중하다는 뜻. → 열 손가락 깨물어 → 안 아픈 손가락이 없다

- 자식이 많은 부모는 걱정이 떠날 때가 없다는 뜻. → 가지 많은 나무에 → 바람 잘 날 없다
- 윗사람이 잘하면 아랫사람도 따라서 잘하게 된다는 뜻. → 윗물이 맑아야 → 아랫물이 맑다
- 모든 일은 원인에 따라 거기에 걸맞은 결과가 생긴다는 뜻. → 콩 심은 데 콩 나고 → 팥 심은 데 팥 난다
- 찬물을 먹더라도 어른부터 차례로 대접해야 한다는 뜻. → 찬물도 → 위아래가 있다

13번째 방

지도TIP 가족, 친척의 호칭을 익히면서 '나'라는 존재는 선대의 관계 속에서 태어났고, 자신의 이후로도 나를 중심으로 많은 관계가 생겨난다는 것을 알게 됩니다. 또한 '나'라는 사람은 주변 사람들의 많은 기대와 관심 속에 살아가고 있다는 것을 느끼도록 해 주세요.

14번째 방

지도TIP '다섯 고개 놀이'는 말로 하는 퍼즐이며 문제 내는 사람의 생각을 잘 읽어야 합니다. 질문의 횟수가 적어서, 답할 때는 "예", "아니오" 뒤에 핵심적인 힌트를 함께 말해야 합니다. 눈으로 보지 않고 머릿속 상상만으로 진행되는 다섯 고개 놀이를 평소에도 아이와 많이 해 주세요.

⭐ **첫 번째 정답:** 수박

⭐ **두 번째 정답:** 부채

⭐ **세 번째 정답:** 해바라기

⭐ **네 번째 정답:** 잠자리

꿍냥이의 쓰기 놀이터

십은 → **싶은** · 칭구 → **친구**

스물여덜 → **스물여덟** · 만낫을 → **만났을**

하야코 → **하양고** · 파라코 → **파랑고**

메력적이라고 → **매력적이라고**

가이바이보 → **가위바위보** · 이쁜 → **예쁜**

십다 → **싶다** · 궁그마다 → **궁금하다**

심시매 → **심심해** · 낙시터 → **낚시터**

떼까지 → **때까지**

15번째 방

지도TIP '마인드 맵'은 정보를 읽고, 분석하고, 체계화하여 이미지화하기 때문에 효과적인 학습 도구입니다. 주제에 맞게 잘 정리해서 쓸 수 있도록 지도해 주세요. 그리고 '동시 쓰기'는 시적 감성과 표현력을 키울 수 있는 언어 교육의 최상위 활동입니다. 아이들이 쉽게 접근하고, 성취감을 느낄 수 있도록 많이 격려해 주세요.